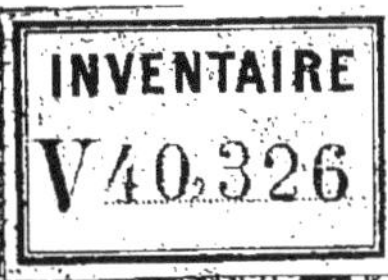

COURS ÉLÉMENTAIRE

DE

PERSPECTIVE LINÉAIRE

A L'USAGE

DES ÉCOLES DES BEAUX-ARTS, DE DESSIN,
DES ARTISTES, ARCHITECTES, ETC.,

PAR D[é] GIRARDON,

PROFESSEUR DE PERSPECTIVE, GÉOMÉTRIE ET STÉRÉOTOMIE
à l'École des Beaux-Arts de Lyon
ET PROFESSEUR DE MATHÉMATIQUES, PHYSIQUE ET MÉCANIQUE
à l'École la Martinière.

TOME PREMIER.

(TEXTE).

LYON.
CHARLES SAVY JEUNE, LIBRAIRE-EDITEUR,
Place Bellecour, 14.

1850.

COURS ÉLÉMENTAIRE

DE

PERSPECTIVE LINÉAIRE,

COURS ÉLÉMENTAIRE

DE

PERSPECTIVE LINÉAIRE

A L'USAGE

DES ÉCOLES DES BEAUX-ARTS, DE DESSIN,
DES ARTISTES, ARCHITECTES, ETC.,

PAR D^É GIRARDON,

PROFESSEUR DE PERSPECTIVE, GÉOMÉTRIE ET STÉRÉOTOMIE
à l'Ecole des Beaux-Arts de Lyon,
ET PROFESSEUR DE MATHÉMATIQUES, PHYSIQUE ET MÉCANIQUE
à l'Ecole la Martinière.

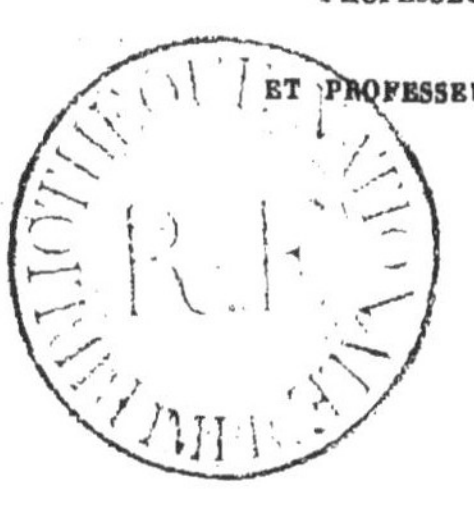

TOME PREMIER.

(TEXTE).

LYON.

CHARLES SAVY JEUNE, LIBRAIRE-EDITEUR,
Place Bellecour, 14.

1850.

A mon Oncle

M. Henry Tabareau,

Doyen de la Faculté des Sciences de Lyon,
et Professeur à l'Ecole la Martinière,
Chevalier de la Légion-d'Honneur.

Permets-moi, mon cher Oncle, de t'offrir la dédicace du premier ouvrage dont j'ai entrepris la publication. C'est à ta bonté et aux soins que tu as pris de mon instruction, que je dois de faire paraître, aujourd'hui, un Traité sur une partie des matières dont l'enseignement m'a été confié.

C'est avec bonheur que je saisis cette occasion de t'en témoigner ici toute ma reconnaissance.

Ton neveu tout dévoué,

D. Girardon.

Lyon, 15 février 1850.

PRÉFACE.

Lorsqu'un nouveau traité paraît, sur une science déjà savamment exposée dans de nombreux ouvrages, on doit se demander quel a été le but de l'auteur. Est-ce, de sa part, une simple spéculation de librairie? N'a-t-il, au contraire, obéi qu'à de louables motifs d'utilité? Et, dans ce cas, quels sont les avantages qu'il s'est proposé de réaliser?

Ma réponse à ces questions sera plutôt un hommage rendu aux auteurs qui m'ont précédé, qu'un reproche, qu'on leur ferait à tort, de n'avoir pu réunir dans leurs ouvrages des avantages qui s'excluent, malheureusement, les uns des autres.

On ne peut, à la fois, et dans un même corps d'ouvrage, se livrer à l'exposition complète d'une science, si utile à tous ceux qui ont assez de loisirs pour en faire l'objet d'une étude approfondie, et présenter, en même temps, en faveur de ceux dont les études sont limitées par le temps, une instruction sommaire ne contenant que ce qu'il y a de plus essentiel et de plus fécond dans les Méthodes de Perspective. C'est ce dernier genre d'utilité que j'ai cherché à donner à l'ouvrage qui paraît aujourd'hui, et je ne prétends qu'à la seule satisfaction d'être venu en aide à ceux qui réclamaient un simple abrégé de nos meilleurs Traités de Perspective, et non une œuvre nouvelle qui aurait, sans doute, plus satisfait mon amour-propre, mais qui n'aurait pas rempli le but que je me proposais.

J'ai dû, par conséquent, en écrivant cet

ouvrage, chercher à le rendre le plus élémentaire possible, tout en donnant, à l'appui de chaque méthode, les démonstrations sur lesquelles elles se fondent. Je me suis attaché, pour ces démonstrations, à considérer le plus possible les figures dans l'espace, plutôt qu'à ramener les questions à quelques propriétés purement géométriques.

J'ai eu recours aux meilleures sources pour la composition de ce Traité, et je dois prévenir la juste appréciation du public et m'attirer d'avance sa faveur, en disant que, parmi les Méthodes si nombreuses de Perspective, la plupart de celles que j'ai adoptées, dans mon enseignement comme dans cette publication, ont été développées déjà par l'un de nos plus savants auteurs, M. Adhémar, dans son grand Traité de Perspective.

Chargé de l'enseignement de la Perspective, à l'Ecole des Beaux-Arts de la ville de Lyon, j'ai pu, mieux que tout autre, reconnaître l'indispensable nécessité d'un ouvrage remplissant les conditions : 1° d'être plus simple et plus élémentaire que beaucoup de Traités connus, tout en présentant, cependant, des méthodes toujours applicables et, en même temps, justifiées par le raisonnement; 2° de suppléer aux notes, toujours incomplètes, qu'on peut prendre dans une leçon orale, en présentant le résumé de l'enseignement du professeur.

Tels sont les avantages que doit présenter le Cours élémentaire que je publie, si j'ai été assez heureux pour atteindre le but que je me suis proposé.

COURS
DE PERSPECTIVE.

CHAPITRE Ier.

1. *Phénomène de la vision.* — Les objets éclairés reçoivent, sur leur surface, des rayons lumineux que cette surface réfléchit en quantité plus ou moins considérable. Ces rayons de lumière réfléchis pénètrent dans l'œil et produisent sur sa partie postérieure, nommée rétine, une sensation particulière à laquelle est dû le phénomène de la vision.

Cette sensation produite sur la rétine peut se décomposer en *sensation de forme ou de contour* et en *sensation de couleur ou de lumière.*

2. *Définition de la perspective.* — La perspective d'un corps sur une surface quelconque, plus ordinairement appelée dessin ou peinture, est une figure tracée sur cette surface, de telle sorte qu'à une certaine distance elle doit produire sur l'œil la même sensation que le corps lui-même.

3. *Perspective linéaire et perspective aérienne.* — De même que l'on a vu (1) que les objets produisent sur la rétine deux sensations distinctes, l'une de forme et l'autre de couleur, de même le dessin ou la peinture

qu'on se propose d'obtenir doit aussi produire ces deux sensations.

La perspective *linéaire* est l'ensemble des lignes tracées sur la surface nommée *tableau* et qui forment le contour apparent de l'objet qu'on veut représenter, suivant la position qu'on occupe par rapport à cet objet.

La perspective *aérienne* s'obtient ensuite par les couleurs ou les teintes qu'on applique sur la figure déjà tracée et qui complètent l'illusion.

Nous ne nous occuperons dans ce cours que de la perspective *linéaire*.

4. *Diverses espèces de tableaux.* — La surface sur laquelle on trace la perspective d'un corps peut être de forme quelconque. Les surfaces planes, cylindriques ou sphériques sont celles qui se rencontrent le plus ordinairement, par exemple dans les tableaux de panoramas, dioramas et dans les peintures des coupoles. Nous ne parlerons que des tableaux formés par des surfaces planes qui sont celles des tableaux ordinaires.

5. *Principe général de perspective.* — Quelle que soit la surface sur laquelle on construit la perspective, si on la suppose, pour un instant, transparente et placée entre l'observateur et les objets qu'on veut représenter, on n'a qu'à imaginer une série de lignes droites partant des divers points de l'objet et venant aboutir à l'œil; ces lignes représenteront les rayons de lumière qui produiraient la sensation de la vision. Si on marque tous les points où ces lignes percent la surface transparente et qu'on réunisse tous ces points, on obtiendra

une figure tracée sur le tableau et qui sera la perspective de l'objet dans l'espace.

En effet, si on suppose alors la surface devenue opaque et, par conséquent, cachant pour l'observateur les objets visibles tout-à-l'heure, l'œil recevra, de la figure tracée sur le tableau, les mêmes rayons de lumière que précédemment, et la sensation de forme sera la même.

On peut donc établir en principe que, pour obtenir la perspective d'un objet quelconque sur un tableau placé entre l'observateur et cet objet, il suffit de mener des divers points de son contour, des droites allant aboutir à l'œil et de trouver les intersections de ces droites avec la surface formant le tableau.

Cette méthode, très facile à résoudre en général par la géométrie descriptive, présente beaucoup de difficultés dans la pratique; aussi n'est-ce pas celle que nous allons développer.

La méthode que nous employerons est celle dite *méthode des points de concours;* elle est fondée sur une propriété des lignes parallèles que nous démontrerons tout-à-l'heure.

6. *Diverses formes d'un même objet.* — Tout le monde sait que le même objet apparaît sous des formes infiniment variées, suivant la position qu'on occupe par rapport à lui. On doit comprendre alors, que si la perspective d'un corps a été obtenue en occupant une place particulière, l'illusion ne sera exacte qu'autant qu'on se placera, vis-à-vis du tableau, comme était placé celui qui a construit cette perspective.

7. *Perspectives curieuses.* — Si le peintre prenait, pour dessiner une perspective, une position inusitée par rapport à son tableau, l'observateur qui, pour le voir, prendrait une position plus naturelle ou plus habituelle, ne verrait qu'un dessin difforme et quelquefois très difficile à interpréter, tandis que, s'il se mettait à la même place que le peintre, le dessin produirait alors son effet véritable.

On exécute ainsi quelquefois des dessins qui donnent lieu aux effets les plus bizarres à cause de la position qu'on a prise, et que l'observateur est obligé de deviner pour comprendre ces dessins.

8. *Position convenable de l'œil.* — L'œil doit être généralement placé vis-à-vis du milieu de la largeur du tableau et à une hauteur variable suivant l'effet qu'on veut obtenir. C'est la position qu'il convient de lui donner, car c'est celle que prend ordinairement un observateur pour voir le tableau. On ne doit s'en écarter que lorsque l'observateur lui-même ne peut pas prendre cette position d'après l'emplacement qu'occupe le tableau une fois exécuté.

9. *Perspectives déformées.* — La position naturelle de l'observateur étant que la direction du regard soit perpendiculaire à la surface du tableau, si l'objet qu'on veut représenter était de dimension trop grande, il pourrait arriver qu'on fût obligé de changer la direction suivant laquelle on regarde pour pouvoir l'apercevoir en entier. Or, pour chaque nouvelle direction du regard, il faudrait que le tableau pût se briser pour rester perpendiculaire à cette nouvelle direction.

Si, au contraire, on exécute sa perspective dans ces conditions-là, sur une surface entièrement plane, l'œil pourra alors voir tout-à-la-fois sur le tableau ce qu'il ne pouvait voir qu'en plusieurs fois dans la nature et, dès lors, quoiqu'on opère avec exactitude, on obtiendra de mauvais résultats, puisqu'il n'y aura pas analogie complète entre les sensations produites par l'objet et par le dessin.

Il est donc de la plus grande importance que le dessinateur suppose toujours l'œil placé à une distance suffisante, d'après la grandeur des objets qu'il veut représenter, pour que, de cette position, il puisse les apercevoir sans faire varier la direction de l'œil.

10. *Cône optique. Angle optique.* — Quand l'œil a une position fixe, la vision est limitée à un cône, dont le sommet est l'œil et dont les arêtes extrêmes feraient entre elles un angle qui ne doit pas dépasser, dans de bonnes conditions, la limite de 60° au plus; ce cône est nommé *Cône optique.*

Il faut donc placer l'œil, par rapport à l'objet, de telle sorte que tout le sujet à représenter soit renfermé dans un angle qui ne dépasse pas ces limites; on nomme cet angle *angle optique.*

11. *Positions relatives de l'objet, du tableau et de l'œil.* — Soient (Pl. I, fig. 1) une droite AB dont on veut construire la perspective sur un tableau TT'. Si nous supposons d'abord l'œil placé en O, et si nous menons les rayons lumineux ou visuels AO et BO, partant des extrémités de la droite, sa perspective sera ab. Si nous transportons l'œil en O', plus près du tableau, les

rayons visuels AO′ et BO′ donnent, pour la perspective de la droite la ligne $a'b'$ et enfin, quand l'œil sera en O″, la perspective de la même droite se réduira à $a''b''$.

De ces remarques, on déduira le principe que, *quand la position de l'objet et du tableau restent invariables, la perspective diminue à mesure que l'œil se rapproche du tableau.*

Soient, en second lieu (Pl. I, fig. 2), la droite AB et l'œil placé en O. Si nous supposons le tableau placé en TT, les rayons visuels extrêmes AO et BO produiront sur ce tableau la perspective ab; si, ensuite, on transporte le tableau en T′T′, les mêmes rayons visuels donneront pour perspective la droite $a'b'$ et enfin , quand le tableau sera en T″T″, cette même droite AB n'aura plus pour perspective que la droite $a''b''$.

Ceci nous prouvera que, *si l'objet et l'œil restent fixes, la perspective diminue en éloignant le tableau de l'objet et le rapprochant de l'œil.*

Enfin, si nous supposons (Pl. I, fig. 3) le tableau TT et l'œil placé en O, la droite AB donnera sur ce tableau la perspective ab; la même droite, transportée en A′B′, aura pour perspective $a'b'$ et enfin, quand elle sera parvenue en A″B″, sa perspective sera $a''b''$.

On conclura de là que, *quand le tableau et l'œil restent fixes, la perspective du même objet augmente quand il se rapproche du tableau.*

Dans le premier cas que nous venons d'examiner, le résultat semble en opposition avec la remarque qu'on fait journellement, que le même objet paraît d'autant plus grand à un observateur qu'il s'en rapproche davantage. Cependant il ne faut pas confondre le résultat de perspective sur un tableau avec celui qu'on obtient en regardant un objet; car, dans ce cas, la différence de grandeur apparente provient de la grandeur de l'image produite sur la rétine, et qui dépend de l'ouverture de l'angle que font les rayons lumineux partis des extrémités de l'objet et passant dans l'œil.

12. *Cas auxquels s'appliquent les méthodes de perspective.* — Quoique les principes que nous devons développer soient généraux, les méthodes qui en découleront n'auront d'application facile que lorsqu'il s'agira de construire la perspective d'objets dont les dimensions et les positions relatives sont entièrement déterminées d'avance, par exemple par ce qu'on nomme le plan et l'élévation. Ces mêmes méthodes ne présenteront que des généralités, lorsqu'il s'agira de paysage; car alors il est presque impossible d'avoir le plan et l'élévation de tout l'ensemble du terrain qu'on veut représenter, et surtout d'y appliquer les méthodes de construction. Il en est encore de même de ce qui concerne la figure. Nous chercherons plus tard à exposer quelques méthodes plus spéciales à ce genre d'opération, mais nous pouvons toujours admettre, comme principes généraux et applicables, tous les théorèmes que nous allons démontrer.

13. *Détermination d'un point dans l'espace.* — La manière de déterminer la forme et les dimensions d'un objet par son plan et son élévation, n'est autre chose que ce qu'on nomme méthode des projections; voici en quoi elle consiste:

Si, d'un point A dans l'espace (Pl. II, fig. 1), on abaisse une perpendiculaire sur un plan donné PP, le pied *a* de cette perpendiculaire sera la projection du point A sur le plan et, si le plan est horizontal, ce sera alors sa projection horizontale.

Or, si on connaît la projection d'un point sur un plan et qu'on connaisse, en même temps, la longueur de la perpendiculaire qui a dû donner cette projection, on peut retrouver la position du point; car il suffira d'élever, par la projection connue, une perpendiculaire au plan et de donner à cette perpendiculaire la longueur qu'elle doit avoir; son extrémité sera le point dans l'espace.

Ce moyen de retrouver un point dans l'espace, connaissant sa projection sur un plan et sa hauteur au-dessus du plan, sera celui que nous emploierons pour déterminer la perspective des points dans l'espace, en cherchant d'abord celle de leur projection et, par suite, celle des points eux-mêmes.

La projection d'un objet sur un plan horizontal s'appelle le plan de l'objet, et les hauteurs de ses divers points au-dessus du plan s'appellent son élévation.

Nous supposerons, dans tout ce qui va suivre, que nous connaissons toujours le plan et l'élévation des objets à mettre en perspective.

CHAPITRE II.

14. *Distances convenables.* — Nous avons déjà posé en principe qu'il fallait déterminer, d'une manière positive, les distances qui doivent exister entre le tableau et l'observateur et entre le tableau et l'objet. Quoique ces distances soient variables, nous dirons cependant qu'on obtient, en général, des résultats assez satisfaisants en plaçant le tableau à distance égale des objets et de l'observateur et en prenant, pour chacune de ces distances, une grandeur égale à une fois et demie ou deux fois la base du tableau. Ces dimensions permettent d'embrasser, d'un seul coup-d'œil, tous les objets qui doivent être représentés sur le tableau.

Etant donné le plan de l'objet, de l'édifice, par exemple, qu'on veut mettre en perspective, on doit d'abord fixer sur ce plan la position de l'observateur. Cette position est déterminée par la distance à laquelle il doit être placé, à cause de l'angle optique et encore par la nature et l'arrangement des objets qu'on veut apercevoir.

On doit, avant d'en fixer définitivement la position, essayer, avec soin, si quelques parties de l'objet, par leur opacité, ne doivent pas cacher d'autres parties qu'on tiendrait à représenter et, dans ce cas, il

Tout Exemplaire, non revêtu des signatures de l'Auteur et de l'Editeur, sera réputé contrefait.

CET OUVRAGE SE TROUVE AUSSI :

Paris : CARILLAN-GOEURY et DALMONT, quai des Augustins.
L. MATHIAS, quai Malaquai.
H[r]. MONTMIREL ET F. LEMAIRE, rue Hautefeuille.

Toulouse : DELBOY.
JOUGLA.

Strasbourg : DERIVAUX.

Marseille : Vve CAMOIN.

Bordeaux : CHAUMAS-GAYET.

faudra déplacer l'observateur à droite ou à gauche, jusqu'à ce qu'on ait trouvé une position convenable.

Ce choix, une fois fait, on devra représenter, par une droite OR (Pl. II, fig. 2), la direction suivant laquelle on doit regarder les objets; cette droite prendra le nom de *rayon principal*. Ensuite, à droite et à gauche de ce rayon principal, on tracera deux droites OM et ON faisant, de part et d'autre de la première, deux angles égaux; elles formeront entre elles l'angle optique. Enfin, perpendiculairement au rayon principal, on tracera, environ à moitié distance entre l'œil et les objets les plus rapprochés, une droite *tt* qui représentera le tableau et qu'on terminera, de part et d'autre, à l'angle optique.

Cette disposition est celle qu'on doit adopter ordinairement : elle suppose que l'observateur est placé vis-à-vis du milieu du tableau et qu'il regarde suivant une direction perpendiculaire à ce tableau.

15. *Constructions préliminaires sur le tableau. Ligne d'horizon.* — Suivant la hauteur, estimée en mètres, par exemple, à laquelle on aura jugé convenable de placer l'œil de l'observateur, pour avoir une perspective satisfaisante, on cherchera sur le plan donné quel rapport il y a entre cette hauteur et la base *tt* du tableau (Pl. II, fig. 2), d'après l'échelle du plan. On tracera alors sur le véritable tableau TT (Fig. 3 et 4) une droite horizontale XY, nommée *ligne d'horizon*, dont la distance TX à la base du tableau soit avec cette base dans le rapport trouvé précédemment. Ainsi, par exemple, si on suppose l'œil à 2 mètres de hauteur et

que, dans le plan, la base du tableau représente une longueur de 6 mètres, on en conclura que la ligne d'horizon XY doit être éloignée de la base du tableau TT, d'une quantité égale au tiers de cette base.

Si, encore, on supposait l'œil à une hauteur de 3 mètres et que la base tt' représentât une grandeur de 7 mètres, la hauteur de l'œil étant alors les $^3/_7$ de la base, il faudrait, sur le tableau TT, tracer la ligne d'horizon de manière à ce que la distance TX fût les $^3/_7$ de la base TT.

Point de vue. Points de distance. — Qu'on imagine maintenant une perpendiculaire abaissée de l'œil sur le tableau : elle rencontrera le tableau en un point de la ligne d'horizon, ordinairement situé au milieu de cette ligne ; ce point prendra le nom de *point de vue*.

Enfin, si on porte sur la ligne d'horizon, à droite et à gauche du point de vue, deux distances VD, VD' égales à la perpendiculaire OV, abaissée de l'œil sur le tableau, on aura deux points nommés *points de distance*, parce que leur distance au point de vue, mesurée sur la ligne d'horizon, représente la distance à laquelle l'œil est placé par rapport au tableau.

On doit bien observer que, si le tableau sur lequel on opère a une base plus grande que celle représentée sur le plan, on devra augmenter aussi la distance de l'œil au tableau dans le même rapport.

CHAPITRE III.

16. *Définition de la perspective d'une droite.* — La perspective d'une droite s'obtient en menant, de tous les points de la droite, une série de rayons visuels allant aboutir à l'œil et en prenant les points de rencontre de tous ces rayons avec le tableau. Or, tous ces rayons visuels forment un plan que nous nommerons *plan visuel*, et dont l'intersection avec le tableau n'est autre chose que la droite qui contient tous les points de rencontre des différents rayons visuels avec le tableau.

On peut donc dire que la perspective d'une droite est l'intersection de son plan visuel avec le plan du tableau.

17. *Propriété remarquable de la perspective d'une droite.* (Pl. III, fig. 1). — Soient le tableau TT, l'œil O et la droite AB dont on veut déterminer la perspective.

Si, par le point O, on mène une parallèle OM à la droite donnée AB et qu'on fasse passer un plan par ces deux droites, ce sera le plan visuel de la droite AB comme passant par cette droite et par l'œil.

Son intersection *a b* avec le plan du tableau sera, par conséquent, la perspective de la droite AB. Cette intersection *a b*, étant dans le même plan que la droite OM menée par l'œil, devra nécessairement la rencontrer, excepté dans le cas où elle lui serait parallèle.

Supposons, d'abord, que la droite donnée n'est pas parallèle au tableau. Dans ce cas, la parallèle à cette droite, menée par l'œil, rencontrera le tableau en un point M et, dès-lors ce point M appartenant au plan visuel ABOM et au plan du tableau, fera partie de l'intersection *ab* de ces deux plans, qui est la perspective de la droite AB.

On conclut alors le principe suivant : *Quand on a une droite dans l'espace non parallèle au tableau, si on lui mène par l'œil une droite parallèle, elle rencontrera le tableau en un point, et ce point appartiendra à la perspective de la droite dans l'espace.*

Supposons ensuite (fig. 2) que la droite donnée CD est parallèle au tableau. La droite NM, menée par l'œil, parallèlement à la droite donnée, sera en outre parallèle au tableau et, par conséquent, sera aussi parallèle à la droite *cd*, intersection du tableau avec le plan visuel CDMN, qui est la perspective de la droite CD. La droite donnée CD et sa perspective *cd*, étant parallèles toutes deux à la droite MN, seront dès lors parallèles entre elles.

De là le principe suivant : *Que toute droite dans l'espace parallèle au tableau, aura pour perspective une droite qui lui sera parallèle.*

18. *Perspectives des droites parallèles dans l'espace. Points de concours.* — 1° Si on a plusieurs droites parallèles entre elles et non parallèles au tableau, la parallèle à l'une d'elles, menée par l'œil, sera aussi parallèle à toutes les autres et, par conséquent, son point de rencontre avec le tableau appartiendra aux perspec-

tives de toutes les droites *qui devront dès-lors se rencontrer toutes à ce même point.*

Ce point prend alors le nom de *point de concours.*

Si on a plusieurs droites parallèles au tableau et de plus parallèles entre elles, leurs perspectives devant leur être respectivement parallèles *seront aussi parallèles entre elles et, par conséquent, n'auront pas de point de concours.*

19. *Droites perpendiculaires au tableau.* — Toutes les droites (Pl. III, fig. 3) LM, IK, GH, AB, CD, EF, *perpendiculaires au tableau* et, par suite, parallèles entre elles, ont des perspectives dont le *point de concours est le point de vue.*

En effet, si on mène par l'œil une parallèle OV à ces droites, elle sera aussi perpendiculaire au tableau et, alors, elle le rencontrera au point de vue V. D'après le principe précédent (18), ce point sera le point de concours de toutes les perspectives des droites données.

20. *Droites horizontales faisant avec le tableau des angles de* 45°. (Pl. III, fig. 4). — Toutes les droites horizontales AB, EF, GH, IL, à 45° avec le tableau, sont parallèles entre elles; elles ont des perspectives *ab, ef, gh, il*, dont le *point de concours est l'un des points de distance* D.

En effet, pour avoir ce point de concours, on doit mener par l'œil une parallèle OD à ces droites, qui formera, par conséquent, un angle de 45° avec le tableau. Or, cette ligne parallèle étant horizontale comme les droites données, doit rencontrer la ligne d'horizon en un point quelconque D; et si on considère en même temps : 1° la portion VD de la ligne d'horizon comprise entre ce point de rencontre D et le point de vue V; 2° la perpendiculaire OV, menée par l'œil au tableau et le rencontrant au point de vue; 3° enfin, cette parallèle OD aux droites à 45° et menée par l'œil, on aura un triangle rectangle VOD dont l'hypoténuse OD sera la ligne à 45°. Mais, comme dans tout triangle rectangle les deux angles adjacents à l'hypoténuse font un angle droit, les angles VOD et VDO auront pour somme 90°. Or, l'un d'eux VDO étant de 45°, l'autre VOD sera aussi de 45°, et alors ce triangle ayant deux angles égaux sera isoscèle, on aura donc OV = VD.

Par conséquent, OV étant la distance de l'œil au tableau, le point D sera le point de distance.

21. *Droites parallèles au tableau.* — Puisque, pour avoir le point de concours des perspectives de plusieurs droites parallèles, il faut mener par l'œil une parallèle à ces droites, elle sera, dans ce cas, parallèle au tableau et, dès-lors, il n'y aura pas de point de concours. Donc, *les droites parallèles au tableau ont des perspectives parallèles à ces droites et parallèles entre elles.*

22. *Autres positions des points de concours.*—On verra de même que *toutes les droites horizontales auront leur point de concours sur la ligne d'horizon.*

Toutes les droites qui s'abaisseront en s'éloignant du tableau auront leur point de concours au-dessous de la ligne d'horizon ; car, si on leur menait une parallèle par l'œil, cette parallèle s'abaisserait en s'approchant du tableau et, par conséquent, le point de concours sera au-dessous de la ligne d'horizon.

Toutes les droites qui s'élèveront en s'éloignant du tableau auront leur point de concours au-dessus de la ligne d'horizon.

En effet, si on leur menait une parallèle par l'œil, elle s'élèverait en s'approchant du tableau et, par suite, le rencontrerait au-dessus de la ligne d'horizon.

Quant aux droites horizontales, plus elles feront un angle aigu avec le tableau, plus leur parallèle, passant par l'œil, devra être prolongée pour rencontrer le tableau. D'où on conclut que *le point de concours des droites horizontales, qui est placé sur la ligne d'horizon, s'éloigne d'autant plus du point de vue que les droites dans l'espace font un angle plus petit avec le tableau*, jusqu'à ce qu'enfin, comme on l'a déjà vu, quand les droites deviennent parallèles au tableau, leur point de concours est à l'infini, c'est-à-dire que leurs perspectives sont alors parallèles entre elles.

23° *Diverses dénominations des points de concours.* — Dans beaucoup de traités de perspective, les points que nous venons de nommer *points de concours*, se désignent sous les noms de : *points de fuite, points accidentels, points évanouissants, points terrestres, points célestes.* La dénomination de *point terrestre* appartient alors aux points de concours situés au-dessous de la ligne d'horizon, et celle de *point céleste* aux points de concours situés au-dessus de cette droite. On ne doit, du reste, attacher d'autre sens à ces différents noms que celui que nous avons attribué aux points de concours.

CHAPITRE IV.

24. *Perspective d'un point situé sur le plan horizontal passant par la base du tableau* (Pl. IV, fig. 1). — Soient HH le plan horizontal passant par la base du tableau TT, V le point de vue, D,D' les points de distance, et A le point situé sur le plan horizontal et dont on veut obtenir la perspective.

Si l'on fait passer deux droites par ce point A et qu'on obtienne leurs perspectives, la perspective du point sera le point de rencontre des perspectives des deux droites qui le contiennent. Or, parmi toutes les droites qu'on peut mener par le point A, celles dont on peut trouver le plus facilement la perspective sont : une perpendiculaire AE au tableau, et une horizontale AF à 45° avec le tableau.

En effet, si on prolonge ces deux droites jusqu'à leur rencontre avec la base du tableau, ou avec son prolongement, les deux points de rencontre E et F, étant sur le plan du tableau, seront eux-mêmes leurs perspectives ; en conséquence, les perspectives des deux droites devront respectivement passer par ces deux points. D'un autre côté, la perpendiculaire AE au tableau a pour perspective une droite qui concourt au point de vue et, dès-lors, si on mène la droite EV, on aura la perspective de la droite AE ; quant à la droite AF à 45°

avec le tableau, sa perspective va concourir au point de distance D′ et alors, en menant la droite FD′, on aura la perspective de la droite AF. Il suffira donc de prendre le point de rencontre *a* des deux droites EV et FD′ pour avoir la perspective du point A.

25. *Rabattement du plan horizontal.* — Cette méthode paraît exiger l'emploi de deux plans distincts : l'un horizontal, sur lequel sont tracés les objets à mettre en perspective, et l'autre vertical et représentant le tableau. Ces deux plans présenteraient des difficultés dans l'emploi des instruments pour effectuer les constructions nécessaires, et nous devons chercher un moyen de les réduire à un seul, qui serait la toile ou la feuille de papier servant de tableau et prolongé, si cela est nécessaire, au-delà des dimensions de ce tableau. Pour cela, nous n'avons qu'à supposer (Pl. IV, fig. 2) que le plan horizontal HH tourne autour de son intersection TT avec le plan du tableau, jusqu'à ce qu'il vienne se placer dans le prolongement du tableau. Dans ce mouvement, les points E et F, situés sur la charnière de rotation, n'ont pas changé de position, et les droites horizontales AE et AF sont venues se placer dans le plan vertical et sont, l'une A′E perpendiculaire et l'autre A′F à 45° avec la base TT du tableau. Les droites EV et FD′ s'obtiennent de même et sont toujours les perspectives des droites AE et AF, supposées dans leurs positions primitives, c'est-à-dire dans le plan horizontal HH.

26. *Perspective d'un point dans l'espace. Principe préliminaire.* — Quand on fait mouvoir une droite verticale

d'une longueur donnée, parallèlement à la base du tableau, la perspective de cette verticale ne change pas de grandeur.

En effet, on peut considérer les positions successives de cette verticale comme formant une série de droites verticales égales, dont les extrémités seraient comprises sur deux lignes horizontales parallèles au tableau. Or, ces deux horizontales ont pour perspectives deux parallèles à la ligne d'horizon, comprenant entre elles les perspectives de toutes les verticales. Elles seront donc toutes égales entre elles comme parallèles comprises entre deux droites parallèles.

27. *Construction de la perspective.* (Pl. IV, fig. 3 et fig. 4). — Soit le point B dans l'espace, ayant pour projection horizontale le point A et situé, au-dessus de sa projection, à une hauteur égale à AB.

Pour faire la perspective de ce point, nous chercherons d'abord, par la méthode précédente (24), la perspective *a* du point A situé dans le plan horizontal TTX. Ensuite, par cette perspective *a*, nous élèverons une verticale indéfinie *ay*, qui devra contenir la perspective du point B, comme étant elle-même la perspective de la verticale AB, qui contient dans l'espace le point B. Il ne restera donc plus qu'à déterminer, sur cette verticale *ay*, une grandeur perspective égale à AB et son extrémité sera la perspective du point B.

Pour cela, supposons un nouveau plan vertical perpendiculaire au tableau, tel que TSQ, passant par la verticale TS qui est le bord du cadre et qui coupera le plan horizontal suivant la droite TX. Imaginons alors que la droite AB glisse parallèlement à la base du tableau, jusqu'à ce qu'elle arrive en MN dans le plan T Q; comme, dans ce mouvement, elle ne change pas de grandeur, ainsi que sa perspective (26), il suffira de trouver la droite MN en perspective, et de porter sa grandeur sur la droite indéfinie *a y*, pour avoir la perspective du point B.

Or, la ligne TX, base du plan TQ, étant perpendiculaire au tableau, aura pour perspective la droite TV; le point A ayant pour perspective le point *a*, la droite AM, suivant laquelle glisse la droite AB, aura pour perspective la droite *am* et le point M, pied de la droite AB transportée en MN, aura pour perspective le point *m*. Si maintenant, on suppose du point N, une perpendiculaire NK au tableau, on obtiendra sur le bord du cadre une grandeur TK = MN = AB. Et, puisque la droite MN est limitée aux droites TX et NK, toutes deux perpendiculaires au tableau, sa perspective *mn* sera limitée aux droites TV et KV perspectives de TX et NK. Il ne reste plus maintenant qu'à transporter sur *a y* la grandeur *mn*, ce qu'on fait en menant *nb* parallèle à *a m*, et le point *b* sera la perspective du point B dans l'espace.

CHAPITRE V.

MODIFICATIONS A LA MÉTHODE PRÉCÉDENTE.

28. *Remplacement de la ligne à* 45°. (Pl. IV, fig. 3 et 4). — Au lieu d'employer la ligne à 45° avec le tableau, pour déterminer la perspective d'un point A situé sur le plan horizontal de la base du tableau, on pourrait employer, conjointement avec la droite AE, la droite AM parallèle à la ligne d'horizon.

Cette droite AM s'obtiendra en cherchant la perspective *m* du point M et menant, par ce point *m*, une droite *am* parallèle à la ligne d'horizon.

Pour avoir le point *m* perspective de M, on portera sur la base du tableau, à partir du point T, une grandeur égale à AE, ce qui déterminera le point R ; en menant par ce point R une droite RD au point de distance, cette droite RD sera la perspective d'une ligne à 45°, dont l'intersection avec TV, perspective de TX, donnera le point *m*.

En effet, les trois lignes TR, R*m* et T*m* (fig. 3 et 4) sont les perspectives des trois droites TR, RM et TM (fig. 3), qui forment entre elles un triangle rectangle et, comme l'angle TRN est, par construction, de 45°, l'angle TMR est aussi de 45°. Le triangle ayant deux angles égaux est alors isocèle et, par conséquent, le côté TM est égal à TR et par suite à AE.

29. *Echelle de distance.* — Par la construction précédente on vient de déterminer, sur la droite TV perspective de TX, une longueur perspectivement égale à la distance du point au tableau.

Cette droite TX ou TV, sur laquelle on détermine ainsi les distances des divers points au tableau, prendra le nom *d'échelle de distance.*

30. *Echelle de largeur.* — Quant au point E, par lequel nous avons dû mener une perpendiculaire au tableau, il sera d'autant plus éloigné du point T que le point lui-même s'éloignera davantage de la ligne TX et on pourra, sans construire le plan au-dessous du tableau, connaître ce point E, en portant simplement, sur la base du tableau, une longueur égale à AM. Nous nommerons cette ligne TT *échelle de largeur.*

31. *Echelle de hauteur.* — Enfin, pour avoir le point K et par suite le point N et le point B, nous pouvons simplement porter, sur le bord latéral du cadre TS, une longueur TK, égale à AB hauteur du point B au-dessus de A, ce qui fait que nous donnerons à cette droite TS le nom *d'échelle de hauteur.*

32. *Dimension du plan.* — Nous avons vu, en commençant (14), qu'étant donné un plan à mettre en perspective, on devait déterminer sur ce plan la position de l'œil, tracer le rayon principal et l'angle optique et, enfin, placer le tableau entre l'œil et l'objet, à une distance convenable, en le terminant aux côtés de l'angle optique.

C'était alors qu'on devait prendre, sur ce plan, la distance de chaque point au tableau et à l'échelle de distance pour obtenir la perspective de ces points.

Cependant nous devons observer que cette construction ne peut avoir lieu, qu'autant que le tableau sur lequel on opère véritablement est de même grandeur que celui qu'on a tracé sur le plan; car, dans le cas contraire, on devrait construire un nouveau plan de l'objet autant de fois plus grand, que le tableau lui-même est de fois plus grand que celui qu'on aura tracé sur le plan.

Il y aurait, dans ce cas, un grave inconvénient; car on serait conduit à construire les plans des objets donnés dans de très grandes dimensions.

33. *Nouvelles échelles de largeur et de hauteur.*—Voici comment on peut y remédier (Pl. V, fig. 2, 3, 4.). Etant donné un tableau TT' que nous supposerons, pour un instant, trois fois plus grand que celui *tt* du plan, et ayant construit d'abord, sur ce tableau, la ligne d'horizon YZ, le point de vue V, les points de distance D, D' et l'échelle de distance TV perspective de TX, on devrait construire le plan des objets donnés sur une échelle autant de fois plus grande que celle du plan, que la base TT contient de fois la base *tt*, trois fois par exemple. Ce serait alors des longueurs trois fois plus grandes que MA et AB qu'on devrait porter sur la base et sur le bord latéral du tableau, pour avoir les droites VC'' et VB: l'une servant à déterminer le point *a* et l'autre, le point B'' et par suite *b*.

Au lieu de cela, on prendra sur la ligne d'horizon, à

droite et à gauche du point de vue, deux distances V*t* égales à V*t* sur le plan, et on mènera la verticale EH jusqu'à sa rencontre E avec l'échelle de distance; menant ensuite l'horizontale EL, on aura la base et le bord latéral d'un tableau de même grandeur que celui du plan. Alors, au lieu de porter sur TT et sur TS des longueurs triples de AM et de AB, on ne portera ces longueurs qu'une fois sur EL et sur EH; et, en joignant les points C′ et B′ avec le point de vue, on aura les droites VC′ et V B′ qui seront les mêmes perpendiculaires que VC″ et VB, qu'on aurait obtenues par la méthode primitive.

En effet, les triangles semblables V*t* E, VY T et VEC′, VTC″ donnent les proportions suivantes :

V*t* : VY : : VE : VT,
EC′ : TC″ : : VE : VT, d'où on tire
EC′ : TC″ : : V*t* : VY.

et, par conséquent, comme V*t* moitié du tableau du plan est le tiers de VY moitié du véritable tableau, EC′ devra être le tiers de TC″, ce qu'on obtient en ne prenant AM qu'une fois au lieu de trois fois. Une démonstration semblable s'appliquerait à la droite EB′.

Ces deux droites indéfinies EL et EH, sur lesquelles nous porterons directement les largeurs et hauteurs prises dans le plan, sont celles qui nous serviront *d'échelle de largeur* et *d'échelle de hauteur*.

34. *Autre démonstration* (fig. 3). — On peut aussi remarquer qu'une perpendiculaire AC au tableau étant donnée de position, sa perspective ne changera pas, suivant que le tableau augmentera ou diminuera, seu-

lement elle sera plus grande ou plus petite. Or, si le tableau est de même grandeur que dans le plan, pour l'obtenir, il faudra prendre la distance Ct sur le plan et la porter une fois sur la base du tableau EL (fig. 4). Par conséquent, quand la base du tableau sera plus grande, cette perspective, déjà obtenue, sera la même que si on la cherchait pour le nouveau tableau.

35. *Points de réduction.* — Pour déterminer la perspective d'un point M, sur l'échelle de distance, nous avons vu qu'il fallait porter sur la base du tableau une longueur TM, contenant t M (fig. 3) autant de fois que TT contient tt, ou autant de fois que VY (fig. 4) contient Vt (fig. 3), et mener ensuite MD, dont l'intersection avec VT donne le point m perspective de M.

Mais, si nous partageons la longueur VD, en trois parties égales par exemple, au point R et que nous menions Rm, cette droite, prolongée jusqu'en M′, donne une grandeur TM′ qui sera aussi le tiers de TM.

En effet, les triangles semblables VmD et TmM sont partagés, par la droite RM′, en d'autres triangles semblables, VmR et TmM′ et donnent les proportions :

$$\text{VD} : \text{TM} :: \text{V}m : \text{T}m.$$
$$\text{VR} : \text{TM}' :: \text{V}m : \text{T}m, \text{ d'où on tire}$$
$$\text{VD} : \text{VR} :: \text{TM} : \text{TM}'.$$

Nous conclurons de là que, si on porte sur la ligne d'horizon, une seule fois, la distance OV de V en R, au lieu de la porter plusieurs fois jusqu'en D, il faudra aussi ne porter qu'une fois les distances telles que tM, sur la base TT, au lieu de les porter plusieurs fois. On pourra aussi ne porter sur la ligne d'horizon qu'une partie de OV, telle que la moitié, le tiers ou le quart, pourvu qu'on ne porte, sur la base du tableau, que la moitié, le tiers ou le quart des distances telles que tM.

36. *Autre démonstration. Principe sur le rapprochement simultané de l'œil et de l'objet* (Pl. V, fig. 1). — Soient, un point A sur le plan horizontal et AO le rayon visuel dont l'intersection a avec le tableau est la perspective du point A. On sait que, pour obtenir cette perspective, nous avons mené dans le plan horizontal les droites AC et AM, perpendiculaire et à 45° avec le tableau et dont les perspectives CV et MD ont pour intersection le point a.

Si le point A, sans quitter la perpendiculaire AC, se rapproche du tableau en A′, de telle sorte que A′C soit, par exemple, la moitié de AC, et si on mène la droite A′a prolongée jusqu'en O′, la distance VO′ sera aussi la moitié de VO.

En effet, on aura les triangles semblables ACa et VaO partagés, par la droite A′O′, en d'autres triangles semblables A′aC et VaO′ qui donneront les proportions :

$$AC : VO :: aC : aV$$
$$A'C : VO' :: aC : aV, \text{ d'où on tire}$$
$$AC : A'C :: VO : VO'.$$

On voit par là que, si un point se rapproche du tableau en même temps que l'œil, de manière à ce que leurs distances au tableau décroissent dans le même rapport, le nouveau rayon visuel A′O′ perce le tableau au même point que le premier AO et, par conséquent, le nouveau point A′ a la même perspective que le point A.

Il en résulte qu'on peut réduire la distance de l'œil au tableau, c'est-à-dire rapprocher le point de distance dans un rapport quelconque, pourvu qu'on réduise, en même temps et dans le même rapport, les distances à porter sur la base du tableau. Les lignes qu'on mènerait ainsi aux nouveaux points de distance seraient encore des lignes à 45°, mais seulement dans l'hypothèse que l'œil se serait rapproché du tableau.

Ces points de distance, ainsi rapprochés, se nommeront *points de réduction* et, généralement, on en fixera la position en portant, de part et d'autre du point V, des grandeurs égales à la distance de l'œil au tableau, mesurée sur le plan.

37. *Avantages de ces diverses modifications.* — Au moyen des modifications précédentes, on peut se servir du plan des objets donnés, quelle que soit sa dimension et celle du tableau, et on peut renfermer dans les limites du cadre toutes les constructions à faire pour obtenir leur perspective. Ce dernier résultat est de la plus grande importance; car les constructions, en dehors du cadre, sont quelquefois tellement difficiles et impraticables, que souvent on rejette les méthodes de perspective ou bien qu'on les regarde comme défectueuses. En effet, pour éviter des constructions parfois gênantes, on rapproche les points trop éloignés et il en résulte véritablement des perspectives vicieuses, qui ne le sont cependant que par un mauvais emploi de méthodes insuffisantes.

CHAPITRE VI.

MÉTHODE SIMPLIFIÉE ET GÉNÉRALE.

38. *Perspective d'un point dans l'espace* (Pl. V, fig. 3 et 4). — Soit le point A, projection d'un point B dans l'espace et donné dans un plan sur lequel on a construit l'angle optique POQ, le rayon principal OVR, le tableau *tt* et l'échelle de distance *t*X, et soient (fig. 4) le tableau TT, la ligne d'horizon YZ, le point de distance D, le point de réduction R déterminé par RV = OV, le point *t* extrémité de la petite base du tableau, l'échelle de distance TV, l'échelle de largeur EL et l'échelle de hauteur EH; soit enfin, la ligne AB représentant la hauteur du point B au-dessus de sa projection A.

Menons, du point A, (fig. 3) les droites AM et AC perpendiculaires à l'échelle de distance et au tableau, et cherchons leurs perspectives.

Pour trouver la perspective du point M sur l'échelle de distance, on sait (35) qu'il faut porter la distance *t*M sur la base du tableau en TM′ et mener M′R, dont l'intersection avec TV donne *m* pour perspective du point M. En menant alors la droite *mn*, parallèle à la ligne d'horizon, on aura la perspective indéfinie de la droite MA.

Pour avoir la perspective de la droite AC, nous avons vu (33) qu'il fallait porter sur l'échelle de largeur, à partir du point E, une longueur $EC' = AM = tC$, et que la droite $VC'C''$ était alors la perspective indéfinie de la droite AC. L'intersection a des droites $m\,n$ et VC'' sera, par conséquent, la perspective du point A.

Enfin, pour obtenir le point B dans l'espace, nous élèverons, par le point a, une verticale indéfinie aG, dont il reste à déterminer la grandeur perspective égale à AB.

Portons alors, sur l'échelle de hauteur, une grandeur $EB' = AB$ et menons la droite $B'V$. Cette droite $B'V$ et la droite TV représentent deux parallèles, situées toutes deux dans le plan perpendiculaire au tableau que nous avons nommé plan des hauteurs, et elles sont partout distantes entre elles d'une quantité perspectivement égale à AB. Par conséquent, si nous faisons glisser la droite indéfinie aG parallèlement au tableau, suivant la ligne am, jusqu'à ce qu'elle soit arrivée dans ce plan des hauteurs, elle sera alors terminée aux points m et B'' et, comme ce déplacement ne change pas sa grandeur, nous n'aurons qu'à mener l'horizontale $B''b$, au moyen de laquelle nous obtiendrons la droite ab, perspective de AB, et dont l'extrémité b sera la perspective du point B dans l'espace.

39. *Autre construction.* — On aurait pu aussi déterminer le point a sans employer l'échelle de distance, en se servant toujours de la perpendiculaire au tableau VC''.

On porterait sur la base du tableau une grandeur C″K = AC = Mt et, en menant la droite KR, son intersection avec VC″ donnerait le point a. En effet, cette droite KR représente la perspective d'une ligne à 45°, menée du point A, quand l'œil est rapproché du tableau à une distance égale à VR, en même temps que le point A est rapproché du tableau dans la même proportion, et nous avons prouvé que la perspective du point ne changeait pas par ce rapprochement simultané.

40. *Résultat de ces méthodes.* — On voit, par cet exemple, que, pour obtenir la perspective d'un point donné dans un plan, on n'a rien à changer aux dimensions du plan et que toutes les constructions ont été renfermées dans le cadre du tableau. Cette méthode, appliquée à un ensemble de points quelconques, nous donnerait la perspective de tous les objets possibles.

41. *Cas dans lesquels on pourra modifier cette méthode.* — On pourrait donc s'en tenir à cette méthode, qui est générale et suffisante. Cependant, dans beaucoup de cas, on pourra, suivant la forme de la figure à mettre en perspective, apporter des simplications à cette méthode que nous nommerons *méthode générale*. Ainsi, lorsque les lignes d'une figure donnée présenteront quelques conditions de position remarquables, il conviendra d'en tenir compte dans les opérations, afin d'être plus sûr qu'elles sont remplies. Si, par exemple, plusieurs droites données sont parallèles, au lieu de les chercher toutes indépendamment les unes des autres, il conviendra de modifier la méthode générale en observant que des droites parallèles ont des perspectives qui concourent à un même point.

Nous allons, dans les chapitres suivants, nous occuper des modifications que nous devons apporter à notre méthode, toutes les fois que les figures à mettre en perspective nous présenteront quelque particularité.

42. *Division de l'opération.* — Comme nous avons vu, dans l'exemple précédent, que, pour obtenir la perspective d'un point dans l'espace, il fallait d'abord chercher la perspective de sa projection sur le plan horizontal et qu'on déterminerait ensuite sa position dans l'espace au moyen de l'échelle de hauteur, nous partagerons l'opération en deux parties. La première aura rapport aux perspectives des projections, que nous nommerons *perspective des plans*. La seconde aura pour but de trouver les points dans l'espace d'après leurs projections; nous la désignerons sous le nom de *perspective des hauteurs*.

43. *Application de la méthode générale à la perspective d'une figure quelconque* (Pl. VI, fig. 1, 2). — Soit (fig. 1), le polygone quelconque 1-2-3-4-5-6, à mettre en perspective. On placera d'abord le point O, représentant l'œil, suivant la position qu'on veut donner à l'observateur. Ensuite, on mènera le rayon principal OR qui indique la direction suivant laquelle on regarde, et on construira l'angle optique POQ, ainsi que le tableau tt', à la distance qu'on aura jugée convenable. Enfin, on mènera les échelles de distance tX et t'X'.

D'un autre côté, sur le tableau donné TT', on mènera la ligne d'horizon à une hauteur qui dépendra de celle à laquelle on suppose que l'œil est placé et qui se détermine comme nous l'avons indiqué (15). On placera au milieu le point de vue V ; on portera sur la ligne d'horizon les distances VR et VR' égales à OV, qui détermineront les points de réduction ; on portera aussi les distances V t et V t' égales à la demi-base du tableau tt ; enfin, on mènera les échelles de distance TV et T'V, l'échelle de hauteur E t et l'échelle de largeur EL.

Une fois ces opérations préliminaires effectuées, cherchons la perspective du polygone donné, en observant qu'une droite est déterminée par deux points, et avec d'autant plus d'exactitude que ces deux points sont plus éloignés l'un de l'autre.

Pour avoir le côté 1-2, nous le prolongerons, d'une part jusqu'en D sur le tableau, et d'une autre part jusqu'en A sur l'échelle de distance. On trouvera le point D en portant la distance tD sur l'échelle de largeur de E en d', et menant la droite Vd' qui, prolongée en d, donnera la perspective du point D. Le point A s'obtiendra en portant, sur la base TT' du tableau, la distance TA' $=$ tA et menant A'R, dont l'intersection avec TV donnera le point a perspective de A. On aura donc ainsi la droite ad perspective du côté 1-2 prolongé.

Pour le côté 2-3, on cherchera le point F de son prolongement comme on a obtenu le point D. On trouvera encore le point 3, en menant la perpendiculaire 3-G à l'échelle de distance ; on portera la distance t' G sur la base du tableau de T' en G' et on mènera la droite G'R' dont l'intersection avec T'V donnera le point g ; alors on tracera l'horizontale indéfinie g-3. Enfin, en portant sur l'échelle de largeur la longueur

E′-3′ = G-3, la droite V-3′ prolongée coupera la droite g-3 au point 3, ce qui donnera le côté f-3.

Pour avoir le côté 3-4, on le prolongera jusqu'en M sur l'échelle de distance. On trouvera ce point M en portant sur la base du tableau la distance T′M′ = t'M, et menant la droite M′R′ qui, en coupant l'échelle de distance T′V, donnera le point m, et comme le point 3 est déjà déterminé, on aura le côté 3-m.

On prolongera le côté 4-5 jusqu'en K sur le côté de l'angle optique, et jusqu'en N sur l'échelle de distance. On trouvera le point K en menant la perpendiculaire KH à l'échelle de distance; on portera la longueur T′H′ = t'H, on mènera H′R′, et son intersection avec T′V donnera h; alors on tracera l'horizontale hK jusqu'au bord du cadre, car les points qui sont sur les côtés de l'angle optique ont leurs perspectives sur les bords du cadre; on aura ainsi le point K. Quant au point N, sur l'échelle de distance, la distance TN′ = tN, et la droite N′R détermineront sa perspective n.

On trouvera le côté 5-6 au moyen du point 6 et du point S sur le rayon principal. Pour avoir ces deux points, on mènera les perpendiculaires 6-C et S-S′ sur les échelles de distance; on prendra TC′ = tC, T′S′ = t'S′ et on mènera les droites C′R et S′R′, ce qui donnera les points c et s''; alors les horizontales c-6 et ss'' contiendront les points cherchés. Le point s sera sur la perspective VR du rayon principal et, par conséquent, à son intersection avec ss''. Le point 6 se trouvera en portant, sur l'échelle de largeur, la longueur E-6′ égale à C-6, et la droite V-6′ prolongée coupera la droite c-6 au point cherché 6.

Enfin, le dernier côté 1-6 a déjà un point connu, qui est le point 6 ; on en trouvera un second point B en le prolongeant jusqu'au tableau. Ce point B s'obtient, comme nous l'avons dit, pour les points D et F.

En ne prenant, des différents côtés obtenus en perspective, que les parties comprises entre leurs intersections, on aura la perspective du polygone donné.

CHAPITRE VII.

PERSPECTIVE D'UNE DROITE A 45°, AVEC LE TABLEAU.

44. *Principe préliminaire.* (Pl. VI, fig. 3 et 4). — Soient, DK' une droite quelconque à 45° et dont, par conséquent, la perspective va passer au point de distance D, et P'V une perpendiculaire quelconque au tableau ; ces deux droites forment, avec la ligne d'horizon et l'horizontale MP, deux triangles semblables DVK et MKP, qui donnent la proportion

DV : PM : : VK : PK (1).

Si on mène, par le point de réduction R, la droite RK prolongée jusqu'en *f*, on aura encore deux triangles semblables RVK et PK*f*, qui donneront :

RV : P*f* : : VK : PK (2).

Les proportions (1) et (2), ayant un rapport commun, donneront la nouvelle proportion :

DV : RV : : PM : P*f* (3).

Mais, comme les grandeurs DV et RV sont, entre elles, dans le même rapport que la base du véritable tableau et celle du tableau tracé sur le plan, ou comme les moitiés CV et *t*V de ces bases, on aura :

DV : RV : : CV : *t*V (4).

Et, en combinant les proportions (3) et (4), on tirera :

PM : Pf : : CV : tV (5).

On conclura, de cette dernière proportion que, lorsque d'un point M, on mène une droite à 45° et une horizontale qui coupent une perpendiculaire au tableau, le point de rencontre de la ligne à 45° avec la perpendiculaire doit être tel, qu'en le joignant avec le point de réduction, cette droite prolongée coupera l'horizontale, de manière à avoir la proportion (5) ci-dessus :

PM : Pf : : CV : tV.

45. *Mener, par un point donné en perspective, une horizontale à 45° avec le tableau.* 1er *cas* (Pl. VI, fig. 3 et 4). — Soient donnés : le point M, l'horizontale indéfinie MP et une perpendiculaire quelconque P'V.

On voit, d'après ce qui précède, que, si on pouvait partager l'horizontale MP en deux parties au point f, de manière à avoir :

PM : Pf : : CV : tV.

ce point f, joint au point R, donnerait le point K sur la perpendiculaire, lequel point est celui où doit passer la ligne à 45°.

Pour trouver ce point f, menons la droite MC à l'extrémité de la ligne d'horizon; nous aurons deux triangles semblables CeV et PeM qui donneront :

PM : CV : : Pe : Ve (1).

Menons encore la droite te prolongée jusqu'en f; elle donnera deux autres triangles semblables teV et Pef, d'où on tirera encore la proportion

Pf : tV : : Pe : Ve (2).

Les proportions (1) et (2), ayant un rapport commun, donneront :

PM : P*f* :: CV : *t*V (3);

donc le point *f* sera le point cherché et en le joignant au point R, son intersection avec PV donnera le point K où doit passer la ligne à 45° MD; cette droite sera donc déterminée.

On tire, de là, la règle suivante: que pour mener, par un point donné en perspective, une horizontale à 45° avec le tableau, en supposant qu'on connaisse déjà une perpendiculaire quelconque au tableau et l'horizontale passant par le point, il faut: 1° *mener, du point donné, une droite à l'extrémité de la ligne d'horizon;* 2° *joindre son point d'intersection avec la perpendiculaire au tableau, au point* t, *extrémité de la petite base et prolonger cette droite jusqu'à l'horizontale ;* 3° *joindre ce dernier point avec le point de réduction, par une droite qui donne un point de rencontre avec la perpendiculaire; ce point est celui par où passe la ligne à* 45°.

46. (Pl. VI, fig. 4). *Deuxième cas. Principe préliminaire.* — Soient, toujours, une perpendiculaire quelconque P′V, l'horizontale MP et la ligne à 45° MD′, passant par le point M, mais allant concourir à l'autre point de distance et ne coupant, par conséquent, la perpendiculaire P′K qu'en dessous de l'horizontale, au point K′. On aura encore les deux triangles semblables VK′D′ et PK′M, qui donneront :

D′V : PM :: VK′ : PK′ (1).

En menant la droite RK′ au point de réduction, elle coupera l'horizontale MP prolongée au point *f*′, et les deux triangles semblables RK′V et f'K′P, donne ont encore :

RV : f'P :: VK′ : PK′ (2).

Ces deux proportions, à cause de leur rapport commun, donneront :

D′V : RV :: PM : f'P (3);

et comme ces distances D′V et RV sont encore proportionnelles aux deux bases du tableau, ou à leurs moitiés CV et tV, on aura :

D′V : RV :: CV : tV (4);

et les proportions (3) et (4) donneront toujours :

PM : Pf' :: CV : tV.

On conclura donc, comme tout-à-l'heure, que lorsqu'on a une droite à 45°, menée par un point, une horizontale menée par le même point et une perpendiculaire quelconque, il existe, sur l'horizontale, un point f' tel, qu'en le joignant au point de réduction R, la droite ainsi obtenue passe au point K′ où la droite à 45° coupe la perpendiculaire, et que ce point f' doit donner lieu à la proportion :

PM : Pf' :: CV : tV.

47. *Construction dans le deuxième cas.* — Pour trouver ce point f', nous mènerons encore, du point M, la droite MC à l'extrémité de la ligne d'horizon, et nous aurons les deux triangles semblables MPe et CeV, qui donneront la proportion :

PM : CV :: Pe : Ve.

Menant alors la droite $t'e$, prolongée jusqu'en f', nous aurons les deux nouveaux triangles semblables Pef' et Vet', d'où on tirera la proportion :

Pf' : Vt' :: Pe : Ve;

et enfin ces deux proportions donneront :

PM : Pf′ : : CV : Vt′ ou Vt ;

donc le point f′, joint au point R, donnera la droite Rf′ qui, prolongée jusqu'en K′ sur la perpendiculaire, donnera le point où doit passer la ligne à 45° menée du point M.

48. *Construire un carré perspectif sur une droite donnée parallèle au tableau. Premier cas.* (Pl. VII, fig. 1). — Soit la ligne MP, parallèle au tableau, sur laquelle il s'agit de construire un carré perspectif, en supposant cette ligne MP représentant le côté le plus rapproché du tableau. Nous observerons que, si un carré a deux de ses côtés parallèles au tableau, ses diagonales sont alors des droites à 45° avec le tableau. Si donc on mène, par les points M et P, deux perpendiculaires au tableau, MV et PV, il s'agira de mener, par le point M, une ligne à 45° qui coupe la perpendiculaire PV au delà de l'horizontale. Pour avoir cette ligne à 45°, nous mènerons, comme nous l'avons vu (45), les lignes : MC, *te* prolongée jusqu'en *f*, et R*f* qui donnera le point K où devrait passer la diagonale à 45° MK. Par conséquent, en menant, par le point K, l'horizontale KN, le carré perspectif sera MPKN.

49. *Deuxième cas.* (Pl. VII, fig. 2). — Soit, comme tout-à-l'heure, la ligne MP, côté d'un carré perspectif, mais qu'on suppose être le côté le plus éloigné du tableau et, par conséquent, le plus petit.

Après avoir mené les droites MV et PV perpendiculaires au tableau, il faudra encore mener, par le point M, une diagonale à 45° ; mais, dans ce cas, cette diagonale devra couper la perpendiculaire PV en avant de l'horizontale.

On appliquera, alors, la méthode du deuxième cas (47), et on mènera les droites MC, $t'f'$, et enfin Rf' qui coupera la perpendiculaire PV au point K'. L'horizontale K'N déterminera le carré perspectif MPK'N.

50. *Troisième cas.* (Pl. VII, fig. 3). — Soit donnée, la ligne AB parallèle au tableau, et passant par le centre d'un carré perspectif, à construire sur cette ligne.

On mènera toujours les deux perpendiculaires au tableau, AV et BV, et il faudra encore, par le milieu D de AB, comme centre du carré, mener une ligne à 45° qui coupera les deux côtés perpendiculaires au tableau, aux points où doivent passer les côtés parallèles à la ligne d'horizon.

Pour obtenir cette ligne à 45°, nous mènerons encore les droites DH, $t'e$ prolongée jusqu'en f, et enfin Rf, qui coupera la perpendiculaire BV au point K. Alors, on mènera la diagonale KD, qui, prolongée, coupera l'autre perpendiculaire AV au point P, et les deux horizontales KN et PM achèveront le carré perspectif MPNK.

CHAPITRE VIII.

51. *Principe sur les perspectives des figures situées dans des plans parallèles au tableau.* (Pl. VII, fig. 4).— Toute figure polygonale ABCDEFG, située dans un plan parallèle au plan du tableau TT′, a pour perspective un polygone *abcdefg* semblable au premier.

En effet, si on considère l'ensemble des rayons visuels passant par les sommets du polygone, on verra que ces rayons forment une pyramide, dont le sommet est l'œil, et la base, le polygone donné. Or, puisque le plan du tableau est parallèle au plan de la base, il coupera la pyramide suivant un autre polygone semblable à la base (d'après un théorème de géométrie), et puisque la perspective du polygone n'est autre chose que l'intersection de cette pyramide avec le tableau, le principe se trouve démontré.

52. *Définition des figures symétriques ou correspondantes, placées dans deux plans qui se coupent.* (Pl. VII, fig. 5).— Nous donnerons le nom de *figures symétriques* ou *correspondantes* à deux figures polygonales quelconques ABCD et A′B′C′D′, égales entre elles et situées dans deux plans qui se coupent, PQSR et PQMN, de manière à ce que si l'un des plans, PQSR, par exemple, tournait autour de leur intersection PQ, jusqu'à

se rabattre sur l'autre plan PQMN, chacun des points A, B, C, D, du premier polygone, décrirait un arc de cercle autour de PQ et viendrait tomber sur chacun des points A', B', C', D' du second polygone, de sorte qu'alors les deux polygones coïncideraient. Les points tels que A et A', B et B', qui se rabattent l'un sur l'autre, prendront le nom de points *symétriques* ou *correspondants*.

Il résulte de cette définition que si, dans l'un des polygones, il y a un côté parallèle à la commune intersection, le côté correspondant ou symétrique du second polygone est aussi parallèle à la commune intersection; et que si, dans le premier polygone, un côté, tel que AB, rencontre la commune intersection en un point quelconque E, le côté correspondant A' B', du second polygone, rencontrera la commune intersection au même point E.

53. *Application de cette propriété* (Pl. VIII, fig. 1). — Soit un carré perspectif ABCD, dont deux côtés, AB et CD, sont parallèles au tableau, et les deux autres, AD et BC, perpendiculaires à ce même tableau. Supposons qu'il existe, dans l'espace, un second carré égal au premier, situé dans un plan parallèle au tableau et ayant, avec le premier, un côté commun, par exemple CD, qui est le plus éloigné du tableau. Ce côté CD sera, par conséquent, la commune intersection du plan horizontal qui contient le carré ABCD, et du plan vertical qui contient le second carré.

Mais ce second carré, étant dans un plan parallèle au tableau, aura pour perspective une figure qui lui sera semblable et, par conséquent, un carré géométrique qui sera, dès lors, facile à construire. En effet, on connaît déjà, en perspective, un de ses côtés, qui est le côté CD appartenant déjà au premier carré; on construira donc, sur cette ligne CD, un carré géométrique CD*ab*, qui sera la perspective du second carré parallèle au tableau.

Ces deux carrés étant construits en perspective, toute ligne, telle que *m*I, menée dans le carré parallèle au tableau, fera connaître la ligne symétrique ou correspondante dans le carré horizontal : il suffira, pour cela, de chercher, dans ce second carré, deux points correspondants. Soit d'abord le point I; ce point, étant sur la commune intersection des deux carrés, appartient aux deux lignes correspondantes et sera, par conséquent, un point de la ligne cherchée.

Prenons, ensuite, le point *m* dans le carré parallèle au tableau. Pour trouver son point correspondant dans le carré horizontal, nous observerons que, puisque ce point est situé sur la ligne *ab*, le point correspondant sera situé sur la ligne symétrique AB. Si nous menons alors, par le point *m*, la perpendiculaire *m*F à l'intersection CD, sa ligne symétrique sera aussi perpendiculaire à CD et par conséquent au tableau, et de plus elle devra passer par le point F. Il faudra donc mener la droite VF prolongée, et son intersection M, avec AB, sera le point correspondant au point *m*; car il est situé sur les deux lignes AB et MF, qui correspondent aux deux lignes *ab* et *m*F.

Si la droite *m*I n'avait pas rencontré l'intersection CD dans les limites du carré, on n'aurait pas pu se servir du point I. Il aurait donc fallu prendre un autre point sur mI et chercher son point symétrique.

Prenons, par exemple, le point K′ où cette droite mI rencontre la diagonale Db. Son point symétrique sera déjà placé sur DB, qui est la diagonale correspondante, et si, en outre, nous menons la perpendiculaire K′O à l'intersection, elle aura pour ligne symétrique VO qui, prolongée, rencontrera la diagonale DB au point K. Ce point sera celui qui correspond au point K′ et, par suite, la droite cherchée sera déterminée en la menant par les points M et K.

54. *Mener, par un point donné en perspective, plusieurs lignes faisant, avec le tableau ou entre elles, des angles donnés.* (Pl. VIII, fig. 2).— Soit M le point donné en perspective, par lequel il s'agit de mener trois droites faisant, avec le tableau, des angles donnés.

Observons, d'abord, que les droites cherchées devant faire certains angles avec le tableau et étant horizontales, devront faire les mêmes angles avec toutes les horizontales parallèles au tableau.

Menons, par le point M, une droite indéfinie parallèle au tableau, sur laquelle nous prendrons une grandeur quelconque MA et, sur cette droite, nous construirons un carré perspectif AMCB, au moyen des lignes AX, tGH et HCR.

Ce carré étant construit, faisons, sur la ligne CB, un second carré, parallèle au tableau et qui sera, par conséquent, géométrique. Ce second carré BCma, sera correspondant au carré AMCB et le point m sera symétrique avec le point donné M.

Si, alors, nous menons au point m les droites mi, mK et mn, faisant avec la droite ma des angles ami, amK et amn, égaux aux angles donnés, ces droites seront correspondantes à celles que nous cherchons, puisqu'elles font les angles donnés avec une parallèle à la ligne BC, qui est elle-même parallèle au tableau.

Pour trouver, dans le carré horizontal, la ligne symétrique de la droite mi, qui doit déjà passer au point M, nous prendrons le point i, où cette droite coupe la diagonale aC et, de ce point, nous abaisserons la perpendiculaire iO à l'intersection. Cette perpendiculaire aura pour ligne symétrique la droite VO, qui coupera la diagonale AC au point I correspondant à i, et, par suite, nous aurons la droite cherchée MI. — Pour la seconde droite mK, nous trouverons sa ligne symétrique MK en joignant les points M et K.

Enfin, comme la troisième droite mn ne rencontre pas l'intersection dans les limites du cadre, et qu'elle ne rencontre pas non plus de diagonale, nous prendrons, sur cette droite, un point quelconque n dont nous chercherons le point symétrique.

Pour cela, nous abaisserons d'abord, du point n, une perpendiculaire nQ à l'intersection, et elle aura pour ligne symétrique la droite VQN. Nous mènerons encore, du point n, l'horizontale np jusqu'à sa rencontre avec une diagonale, aC par exemple, et de ce point p, nous abaisserons la perpendiculaire pE à l'intersection. Cette perpendiculaire aura pour ligne symétrique la droite VE, qui rencontrera la diagonale AC au point P, et alors, en menant l'horizontale PN, nous aurons la ligne symétrique de *pn*. Le point de rencontre N, des deux droites PN et VN, sera le point correspondant au point *n* et donnera, par conséquent, la droite MN pour la troisième droite cherchée.

55. *Etant donnée une droite en perspective, mener, par un point de cette droite, une ligne faisant avec elle un angle donné.* (Pl. VIII, fig. 3). — Soit AB, la droite donnée, à laquelle il faut mener, par le point A, une droite faisant, par exemple, un angle droit.

Nous mènerons, par le point A, une horizontale indéfinie, sur laquelle nous prendrons une grandeur quelconque AM et, sur cette droite, nous construirons le carré perspectif AMNO. Ensuite, sur la ligne NO, comme intersection ou comme charnière, nous construirons le carré géométrique NO*am* symétrique avec AMNO.

En joignant le point *a* avec le point B, où la droite donnée rencontre la charnière, la droite *a*B sera symétrique avec AB. Alors nous mènerons, par le point *a*, la droite *a*G perpendiculaire à *a*B et, en joignant les points A et G, la ligne AG sera la symétrique de *a*G et représentera, par conséquent, en perspective la perpendiculaire à AB.

Si la droite AG n'avait pas rencontré la charnière dans les limites du cadre, on aurait choisi un point quelconque sur cette droite, et on aurait déterminé son point symétrique, dans le carré horizontal, comme il vient d'être dit dans l'exemple précédent.

56. *Etant donnée une figure quelconque en perspective, trouver sa véritable forme.* (Pl. VIII, fig. 4). — Soit le triangle ABC, donné en perspective et dont il s'agit de trouver la forme géométrique.

Par le point A, menons une horizontale indéfinie, sur laquelle nous prendrons une longueur arbitraire AM et construisons le carré perspectif AMNO. Ensuite, sur la ligne NO, comme charnière, faisons le carré géométrique NO*am* symétrique avec AMNO.

Le côté AB étant prolongé jusqu'en D, sur la charnière, aura pour symétrique le côté *a*D dans le carré vertical. Le côté AC, prolongé aussi jusqu'en I, aura pour symétrique le côté *a*I. Enfin le côté BC, prolongé jusqu'en H, donnera pour symétrique le côté *b*H.

Les trois lignes *a*D, *a*I et *b*H, en se coupant, donneront, pour le triangle symétrique, le triangle *abc*.

Si l'un des côtés, BC par exemple, n'avait pas pu rencontrer la charnière dans les limites du cadre, on aurait pris le point Q où ce côté rencontre la diagonale OM, et en menant, de ce point Q, la droite VQ perpendiculaire au tableau, cette droite aurait rencontré la charnière au point P. Alors la verticale P*q*, symétrique de VQ, en coupant la diagonale O*m*, aurait donné le point *q* symétrique avec Q et, par conséquent, la droite *bq* prolongée aurait donné le troisième côté du triangle. On aurait pu également prendre, sur le côté BC, un point quelconque, autre que celui où il coupe la diagonale, et déterminer son point symétrique dans le carré vertical, par la méthode indiquée dans les exemples ci-dessus.

CHAPITRE IX.

—

PERSPECTIVES DES CERCLES ET POLYGONES RÉGULIERS.

57. *Perspective d'un cercle.* (Pl. IX, fig. 1 et 2). — Soient (fig. 1) o''' le centre d'un cercle et $c'd'$ son diamètre perpendiculaire à l'échelle de distance.

Nous ferons d'abord la perspective de ce diamètre et, pour cela, nous porterons la distance ta sur la base du tableau de T en A (fig. 2) et nous mènerons AR, qui nous donnera le point B perspective de a, par lequel nous conduirons l'horizontale indéfinie QS. Ensuite, nous porterons, sur l'échelle de largeur, les grandeurs ad', ao''' et ac', qui seront ED', EO' et EC' et les droites VD', VO' et VC' couperont l'horizontale QS aux points D et C, extrémités du diamètre et au point O perspective du centre.

Imaginons, alors, un carré circonscrit au cercle, et ayant deux côtés parallèles et deux côtés perpendiculaires au tableau. Pour en avoir la perspective, nous observerons que les droites CV et DV sont déjà deux côtés de ce carré et, si nous menons, par le centre O, une ligne à 45° HM, les points H et M, où elle coupe les deux côtés perpendiculaires au tableau, appartiendront aux côtés parallèles au tableau qui, dès lors, seront HI et NM.

Construisons maintenant, sur le côté HI, un carré géométrique, supposé dans un plan parallèle au tableau, et symétrique avec HIMN, et inscrivons un cercle dans ce carré.

Pour avoir le cercle symétrique, il faut maintenant en chercher un certain nombre de points.

Il convient aussi de connaître des droites perspectives, tangentes au cercle cherché ; car ces tangentes facilitent beaucoup la construction de la courbe par points, en indiquant sa direction.

Nous aurons, immédiatement, quatre points du cercle et quatre tangentes. Les quatre points seront les intersections P, D, K, C du carré MNHI, avec les deux diamètres CD et KP, l'un parallèle et l'autre perpendiculaire au tableau. Les quatre tangentes seront les quatre côtés du carré. Dans certains cas, cela suffirait pour tracer la courbe elliptique, perspective du cercle.

On peut, encore, avoir facilement quatre nouveaux points, avec les tangentes à ces points. On prend, pour cela, les points 1′, 2′, 3′, 4′, où le cercle rencontre les deux diagonales et, pour avoir ces points dans le cercle horizontal, on abaisse les perpendiculaires 2′ 3′ Y et 1′4′ Ces perpendiculaires auront, pour symétriques, les droites V Y 3-2 et V 4-1, et leurs intersections 2, 3, 4, 1, avec les diagonales, seront quatre nouveaux points du cercle.

Quant aux tangentes à ces points, on peut les obtenir, soit en observant qu'elles font des angles de 45° avec la charnière et que, par conséquent, on peut les trouver comme toutes les lignes à 45°, soit, aussi, en les prolongeant jusqu'à leur rencontre avec le diamètre horizontal, qu'elles coupent deux à deux aux mêmes points *q* et *s*. On en trouvera les points symétriques, le point S par exemple, en menant la perpendiculaire *s*U, qui aura pour correspondante SUV et dont l'intersection S, avec le diamètre CD, appartiendra aux deux tangentes qui seront alors 3-S et 2-S. On trouverait de même les deux autres tangentes Q-1 et Q-4.

On connaît, alors, huit points et huit tangentes, ce qui, dans la plupart des cas, est suffisant.

Cependant, si on veut connaître encore huit autres points du cercle, on prendra les points milieux des arcs précédents, tels que 5′, 6′, 7′, 8′, et on observera que si, par chacun de ces points, on mène une horizontale et une verticale, ces droites se coupent deux à deux sur les diagonales. Par conséquent, si on peut trouver ces droites verticales et horizontales, leurs intersections seront des points du cercle.

Les deux verticales 9′-6′-7′-11′-13 et 5′-10′-12′-8′-14, ont, pour symétriques, les droites V-9 et V-14. Ces deux droites coupent les diagonales aux points 9, 11, 10 et 12, et si on mène, par ces points, quatre horizontales, leurs intersections avec les verticales donneront les points 6, 7, 5 et 8, qui seront quatre nouveaux points du cercle. En faisant la même construction dans la seconde moitié du cercle, on trouverait les points 15, 16, 17 et 18.

Ces huit points, joints à ceux qu'on a trouvés précédemment, suffisent, dans tous les cas, pour avoir une courbe tracée très-exactement.

58. *Perspective d'un pentagone régulier* (Pl. IX, fig. 3 et 4). Soit (fig. 3) le pentagone P-1-4-3-2 dont le côté 3-4, qui est le plus éloigné, est parallèle au tableau; o''' est le centre du cercle circonscrit à ce polygone, et *d c* est son diamètre perpendiculaire à l'échelle de distance *t*D.

Nous ferons, comme dans l'exemple précédent, la perspective COD du centre du cercle et de son diamètre parallèle au tableau.

Nous imaginerons, ensuite, un carré circonscrit au cercle et ayant deux côtés parallèles, et deux côtés perpendiculaires au tableau. La perspective de ce carré s'obtiendra comme précédemment (57), et sera MNHI. Ensuite, nous ferons son carré symétrique et vertical HI*m n*, dans lequel nous inscrirons, d'abord un cercle, et ensuite un pentagone régulier, ayant son côté le plus près de la charnière, parallèle à cette charnière, et le sommet opposé sur le diamètre vertical. Le sommet *p* aura pour symétrique P, qu'on obtiendra par l'intersection du côté MN du carré, avec la perpendiculaire VKP symétrique avec po''K.

Le côté *p*-1, dont on connaît déjà le point P, s'obtiendra en le prolongeant jusqu'en *q*, à sa rencontre avec le diamètre horizontal *c d*. En abaissant, de ce point *q*, la verticale *q*Z, dont la symétrique est VZQ, sa rencontre avec CD donne le point Q et, par suite, le côté PQ.

On obtiendrait de même le côté *p*-2', mais, si son prolongement ne rencontrait pas le diamètre horizontal dans les limites du cadre, on pourrait prendre, par exemple, le point 9′ où il rencontre la diagonale *n*1. On abaisserait, de ce point, la verticale 9′-10, qui aurait pour correspondante la perpendiculaire V-10-9, et son intersection 9, avec la droite NI, servirait, avec le point P, pour déterminer le côté P-2.

Quant au côté 1′-4′, on le trouvera en le prolongeant, d'une part jusqu'en 5′, à sa rencontre avec le côté *mn*, et d'une autre part, jusqu'en Y à sa rencontre avec le côté HI du carré. On trouvera le point correspondant à 5′, en menant la verticale 5′-6, qui aura pour symétrique la perpendiculaire V-6-5, et son intersection avec le côté MN donnera le point 5. En joignant ce point 5 avec le point Y, qui est lui-même son point symétrique, comme étant sur la charnière, on aura le côté 1-4.

Le côté 2′-3′ pourra s'obtenir de la même manière, comme aussi on pourrait, au lieu du point 7′, prendre par exemple son point de rencontre 12′ avec le diamètre horizontal, et trouver son point correspondant 12.

Enfin, pour le côté 3′-4′, on trouvera le point 4′, par exemple, en abaissant, de ce point, une verticale qui aura pour symétrique la droite V-4, dont l'intersection avec le côté Y-5 sera le point 4, c'est-à-dire une des extrémités du côté 3-4. Le point 3 s'obtiendra de même; mais on peut aussi, par le point 4, mener une parallèle à la ligne d'horizon, puisque le côté 3-4 est parallèle au tableau.

59. *Perspective d'un hexagone régulier, dont deux côtés sont perpendiculaires au tableau.* (Pl. X, fig. 1 et 2). Soient : P l'hexagone donné, ayant deux côtés per-

pendiculaires au tableau, o''' le centre du cercle circonscrit, et $c'd'$ son diamètre parallèle au tableau.

Nous ferons encore, par la méthode générale, la perspective O du centre, et celle du diamètre CD parallèle au tableau.

Sur cette ligne CD, comme ligne milieu, nous construirons encore la perspective d'un carré MNHI, et enfin nous ferons le carré symétrique HI*mn*, dans lequel nous inscrirons un cercle et un hexagone régulier, dont deux côtés, $1'$-$5'$ et $3'$-$4'$, seront perpendiculaires à la charnière.

Les deux points $2'$ et K auront, pour points correspondants, les points de rencontre, 2 et K, des côtés MN et HI, avec la perpendiculaire V-2 au tableau, passant par le centre du cercle.

Les côtés $2'$ $3'$ et K $4'$ s'obtiendront en les prolongeant jusqu'à leur rencontre U', avec le diamètre horizontal. Alors, en abaissant de ce point U' la verticale $U'Y$, elle aura pour correspondante la droite VYU, dont l'intersection avec le diamètre CD donnera le point U; ce point, joint avec les points 2 et K, donnera les deux côtés KU et U-2.

On pourra trouver de même les côtés $1'$-$2'$ et $5'$-K, mais, si ces côtés ne peuvent rencontrer le diamètre horizontal dans les limites du cadre, on pourra chercher les points p et q, où ils rencontrent les diagonales du carré. Ces deux points s'obtiendront au moyen de la même verticale pqS, qui a pour symétrique la droite VS, dont le prolongement coupe les deux diagonales aux points P et Q : si alors on joint ces points avec K et avec 2, on aura les côtés 1-2 et K-5.

Enfin, pour avoir les deux côtés 1′-5′ et 3′-4′, il suffira de les prolonger jusqu'à la charnière et, comme ils lui sont perpendiculaires, ils auront pour côtés correspondants V-5-1 et V-4-3. Les points de rencontre de tous ces côtés détermineront le polygone cherché 1-2-3-4-K-5.

60. *Perspective d'un hexagone régulier, dont deux côtés sont parallèles au tableau.* (Pl. X, fig. 3 et 4). P (fig. 3) est l'hexagone donné, o''' est le centre du cercle circonscrit, et $c'd'$ le diamètre parallèle au tableau.

On trouvera, toujours par la méthode générale, (fig. 4) la perspective du centre O, celle du diamètre horizontal CD, celle du carré construit sur cette ligne comme milieu, et qui sera MNHI et, enfin, celle du carré vertical symétrique HI*mn*.

Dans ce dernier carré, on inscrira un cercle et, dans ce cercle, un hexagone régulier, de manière à ce que deux côtés soient parallèles à la charnière.

On trouvera les côtés D′-2 et D′-1′ en les prolongeant jusqu'à leur rencontre, en *p* et Q, avec les côtés *mn* et HI du carré. Le point D, correspondant au point D′, sera à la rencontre du diamètre horizontal CD avec le côté du carré MI, et les points correspondants à *p* et Q, seront sur la perpendiculaire au tableau VQP, correspondante à *p*Q, et sur les côtés MN et HI du carré, c'est-à-dire aux points P et Q.

Les côtés C′-3′ et C′-4′ se trouveront de même, à moins qu'on ne cherche leurs points de rencontre 7′ et 8′ avec les diagonales.

Enfin, pour terminer le polygone, on abaissera, des

sommets 2′ et 3′, les verticales 2′-1′-S et 3′-4′-Y, dont les lignes symétriques VSU et VYZ, couperont les côtés déjà trouvés et donneront le polygone 1-D-2-3-C-4.

61. *Perspective d'un octogone régulier, dont deux sommets sont situés sur le diamètre perpendiculaire au tableau.* (Pl. XI, fig. 1 et 2).

Ayant fait, comme dans les exemples précédents, la perspective du carré circonscrit et de son carré symétrique, ainsi que le cercle vertical et le polygone inscrit, on pourra trouver le côté 1′-D′ en le prolongeant, d'un côté jusqu'en *u*′ et de l'autre côté, jusqu'en Y. On mènera la verticale *u*′Z et sa correspondante VZU, ce qui donnera le point U et, en le joignant au point Y, on aura le côté 1-D prolongé.

Le côté D′-4′ se trouverait de même et serait, alors, représenté par D-Z. On peut également trouver le point 4′ qui est sur la diagonale, en menant, par ce point, la verticale 4′Q, qui donnera la droite VQ, et son point de rencontre avec la diagonale donnera le point 4, qui servira à trouver le côté D-4.

Le point *p* aura pour correspondant le point P sur le côté MN et sur la perpendiculaire VKP. En le joignant au point 1, intersection de la diagonale avec le côté DU, on aura le côté 1-P, et le côté 4-K se trouvera en joignant le point 4 au point K.

On pourrait, aussi, obtenir les côtés *p*-1′ et K-4′, en les prolongeant jusqu'à leur rencontre sur le diamètre horizontal, et en déterminant ce point de rencontre.

Enfin, en faisant des constructions analogues pour l'autre moitié du polygone, on obtiendra la perspective de l'octogone, qui sera P-1-D-4-K-3-C-2.

62. *Perspective d'un octogone régulier, dont deux côtés sont parallèles au tableau.* (Pl. XI, fig. 3 et 4).

Dans cet exemple, nous prolongerons les côtés de l'octogone, qui sont parallèles et perpendiculaires au tableau, et nous formerons ainsi un carré, dont nous ferons la perspective MNHI, ainsi que celle du carré symétrique HI*nm*.

On trouvera les points K′ et Z au moyen de la verticale K′Z, qui donnera la ligne VZK et, par suite, les points K et Z.

On pourra trouver le point 1′ au moyen de l'horizontal 1′-5′, menée par le point de rencontre de la diagonale avec la verticale K′Z, en prenant le point de rencontre 5 de la diagonale NH avec la perpendiculaire VZK et menant, par ce point 5, l'horizontale 5-1.

On pourra, aussi, trouver le même point 1′, en prolongeant le côté K′ 1′ jusqu'à sa rencontre 2′ avec le diamètre horizontal et menant, par ce point 2′, la verticale 2′-6 qui donnera la perpendiculaire V-6; son prolongement coupera le diamètre horizontal CD au point 2. Si on joint ce point avec le point K, la droite 2-K, en coupant le côté NI, donnera le point 1.

Enfin, ce même point 1′ pourra s'obtenir encore, en prolongeant le côté K′-1′ jusqu'à la charnière, ce qui donnera le point 7, et en le joignant avec K, on aura la ligne correspondante K-7, dont le point de rencontre avec NI sera le point 1.

Les mêmes méthodes s'appliqueront aux points Q′, S′ et Y′ et on aura, ainsi, la perspective de l'octogone 1-KPQSUZY.

63. *Perspective d'un hexagone régulier, ayant une position quelconque par rapport au tableau* (Pl. XII, fig. 1 et 2).

On doit d'abord tracer, dans le plan, le cercle circonscrit au polygone et, ensuite, le carré circonscrit au cercle.

On fera, alors, la perspective de ce carré, ainsi que celle de son carré symétrique et vertical et, dans ce même carré, on inscrira un cercle et un hexagone régulier, en ayant soin de le placer, par rapport au côté GH, comme il est placé, dans le plan, par rapport au côté le plus éloigné du tableau. En effet, on doit observer que, puisque les deux carrés MNGH et GH*mn* sont symétriques, si on faisait rabattre le carré vertical sur le carré horizontal, ce serait le côté GH qui serait le plus éloigné du tableau.

Cela fait, nous chercherons successivement les côtés correspondants à chaque côté de l'hexagone 1'-2'-3'-4'-5'-6'.

Nous prolongerons le côté 1'-2' jusqu'à sa rencontre S, avec la charnière, et avec le côté *mn* au point *q*. De ce point *q*, nous abaisserons la verticale *q*U, qui donnera VUQ dans le carré horizontal, et nous mènerons QS.

Nous prolongerons, également, le côté 2'-3' jusqu'aux points *p* et I. Nous abaisserons la verticale *p*K, et nous mènerons la perpendiculaire correspondante VKP. En joignant P et I, nous aurons le second côté du polygone, dont l'intersection avec le premier donnera le sommet 2.

Pour le côté 3′-4′, nous prendrons son point de rencontre 17, avec la charnière, et son intersection 16′ avec la diagonale *m*G. Nous mènerons la verticale 16′-16″, qui aura pour correspondante V-16″-16, et son intersection avec la diagonale donnera le point 16, qu'on joindra avec le point 17 pour avoir le troisième côté du polygone.

Le côté 4′-5′ coupe le diamètre horizontal CD′ au point 14′ et, en menant, par ce point, la perpendiculaire 14′-14″, on aura, dans le carré horizontal, la perpendiculaire V-14″-14 qui coupera aussi le diamètre horizontal CD au point 14; en joignant ce point au point 15, où le côté prolongé rencontre la charnière, on aura le quatrième côté.

Le côté 5′-6′ s'obtiendra en le prolongeant jusqu'aux points 13 et 11′. On abaissera la verticale 11′-12 et ensuite la perpendiculaire V-12-11, et on joindra le point 11 au point 13.

Enfin, pour le côté 6′-1′, on pourra, d'une part, le prolonger jusqu'à sa rencontre avec le côté *mn* au point 9′, ou jusqu'à sa rencontre avec la diagonale au point 10′. Dans cet exemple, la perpendiculaire 9′-9 ne pourrait pas avoir de ligne correspondante dans l'intérieur du cadre, tandis qu'en traçant la verticale 10′-10″, elle donnera la perpendiculaire V-10″-10 et, par suite, point 10.

De l'autre côté, on prolongera la droite 6′-1′ jusqu'à sa rencontre avec la diagonale, ou bien encore jusqu'à son intersection avec le côté 2′-3′ déjà obtenu. Alors, on mènera la verticale 7′-8, la perpendiculaire

V-8-7, et en joignant le point 7 au point 10, on aura le dernier côté du polygone.

Les intersections de tous ces côtés donneront les sommets du polygone, qui sera 1-2-3-4-5-6.

64. *Perspective d'un octogone régulier, ayant une position quelconque par rapport au tableau.* (Pl. XII, fig. 3 et 4).

Nous construirons encore, dans le plan, le cercle circonscrit au polygone et le carré circonscrit au cercle, et nous ferons la perspective de ce carré, ainsi que celle du carré vertical qui lui est symétrique.

Dans ce dernier carré nous inscrirons un cercle, et ensuite un octogone régulier dans ce cercle, en le plaçant, par rapport au côté HI, comme il est placé, dans le plan, par rapport au côté le plus éloigné du tableau, d'après la remarque du numéro précédent; nous chercherons, ensuite, les côtés successifs du polygone.

On prolongera le côté K′X′ jusqu'aux points 5′ et 7; on mènera la verticale 5′-5″, et ensuite la perpendiculaire correspondante V-5″-5 et on joindra le point 5 au point 7.

Le côté X′Z′, prolongé jusqu'en 4′ et 3, donnera la verticale 4′-4″, la perpendiculaire V-4″-4 et, enfin, le côté 4-3.

Pour avoir le côté Z′U′, on le prolongera jusqu'au diamètre horizontal et jusqu'à la charnière. On construira la verticale 2′-2″, la perpendiculaire V-2″-2 jusqu'au diamètre CD et on mènera le côté 1-2.

Le côté U′S′ rencontre la charnière au point 17 et la diagonale au point 16′. On abaissera la verticale 16′-12″, la perpendiculaire V-12″-16, et on joindra le point 16 avec le point 17.

On trouvera le côté S′A′ au moyen du point 15 et du point 14′, sur le diamètre horizontal. Les droites 14′-14″ et V-14″-14 feront connaître le point 14 qu'on joindra au point 15.

Le côté A′ Q′, étant prolongé de part et d'autre, on mènera les droites 12′-12″ et V-12″-12. On joindra le point 12 au point 13 et on aura le côté A Q prolongé.

Quant au côté Q′P′, on prendra son point de rencontre avec le diamètre horizontal, ce qui donnera les droites 11′-11″ et V-11″-11. On pourra, ensuite, prendre son intersection avec le côté *mn* du carré, ou son point de rencontre avec la diagonale H*m*, qu'on déterminera toujours, dans le carré horizontal, au moyen d'une verticale et d'une perpendiculaire correspondante.

Il en sera de même du côté P′K′; on pourra prendre les points où il rencontre le côté *mn* du carré et la diagonale I*n*. On pourrait, aussi, prendre ses points de rencontre avec d'autres côtés du polygone, déjà déterminés.

65. *Généralisation de cette méthode.*

Les mêmes méthodes sont reproduites dans les différents exemples que nous venons de traiter. J'ai cru devoir, cependant, développer chaque construction, afin que le lecteur se familiarise tout-à-fait avec cette méthode, qui est souvent d'une grande utilité.

On pourra s'exercer sur des exemples analogues, en donnant aux figures des formes et des positions quelconques.

Il faudra, dans tous les cas, construire, dans le plan, un cercle enveloppant la figure et le carré circonscrit à ce cercle. On fera, alors, la perspective de ce carré ainsi que celle de son carré symétrique. Cela fait, on placera dans ce dernier carré qui est vertical, une figure semblable à la figure donnée et qui soit placée, par rapport à la charnière, comme elle l'est, dans le plan, par rapport au côté du carré le plus éloigné du tableau. Enfin, on déterminera chaque côté de la figure en prenant leurs points de rencontre avec des lignes dont il est facile de trouver les correspondantes dans la figure horizontale, comme, par exemple, des perpendiculaires ou des parallèles à la charnière et aussi la diagonale du carré.

CHAPITRE X.

DIVISION DES LIGNES EN PERSPECTIVE.

66. *Premier Principe.*—La théorie des triangles semblables, en géométrie, donne lieu au principe suivant :

Quand deux droites concourantes sont coupées par une suite de droites parallèles entre elles, les parties interceptées par ces parallèles sur la première droite, sont proportionnelles aux parties de la seconde. Par conséquent, si la première droite est partagée en parties égales, la seconde sera aussi partagée en parties égales; et si les parties de la première droite ont entre elles un certain rapport, celles de la seconde auront entre elles le même rapport.

67. *Deuxième Principe.* — Quand une droite dans l'espace est parallèle au tableau, si cette droite est divisée en parties égales, sa perspective sera aussi partagée en parties égales entre elles.

Si la droite dans l'espace est divisée en parties ayant entre elles un certain rapport, sa perspective sera aussi partagée en parties ayant entre elles le même rapport. Ce principe est encore une conséquence de la théorie des triangles semblables.

Si une droite dans l'espace n'était pas parallèle au tableau, ce principe ne serait plus vrai.

68. *Diviser une ligne d'une grandeur donnée, en un certain nombre de parties égales. Solution géométrique.* (Pl. XIII, fig. 1).

Soit la droite AB, donnée en grandeur, et qu'il s'agit de diviser en six parties égales.

Par l'une des extrémités de la droite, le point A par exemple, nous mènerons une droite indéfinie AM faisant, avec la première, un angle quelconque. Sur cette droite AM, nous porterons six divisions égales et d'une grandeur arbitraire ; ensuite nous joindrons le dernier point de division 6 avec l'autre extrémité B de la droite et, par les points intermédiaires 1, 2, 3, 4, 5, nous mènerons des parallèles à la droite B-6. Ces parallèles couperont la droite donnée aux points 1′, 2′, 3′, 4′, 5′, et, d'après le premier principe, les divisions A-1′, 1′-2′, etc., seront égales entre elles.

69. *Même question ; solution en perspective.* (Pl. XIII, fig. 2). — Soit la droite perspective AB, donnée en grandeur et en position, qu'il s'agit de diviser en six parties, perspectivement égales entre elles.

Par l'extrémité A nous mènerons, encore, une droite indéfinie AM qui fera, avec la première, un angle quelconque, mais cependant, la direction de cette droite ne sera pas arbitraire. Elle devra être parallèle à la ligne d'horizon ; car, d'après le deuxième principe, nous avons vu que ce sont les seules droites qu'on puisse diviser en parties égales au moyen du compas.

Sur cette droite AM, parallèle à la ligne d'horizon,

nous porterons, au compas, six divisions égales, d'une grandeur quelconque, et nous joindrons le point 6 au point B.

Nous observerons, ensuite, qu'en perspective, les lignes parallèles ont un point de concours, et que ce point est sur la ligne d'horizon quand les parallèles sont horizontales.

Or, la première droite B-6, qui est horizontale, rencontrant la ligne d'horizon au point C, les autres droites, parallèles à la première et menées par les points intermédiaires, devront aller concourir au même point. Nous tirerons donc les lignes 1-C, 2-C, 3-C, 4-C, 5-C et les points d'intersections 1', 2', 3', 4', 5', détermineront des divisions perspectivement égales entre elles.

70. *Porter, sur une droite donnée indéfinie, des divisions égales à une grandeur donnée. Solution géométrique.* (Pl. XIII, fig. 3). — Soit AB, la droite donnée indéfinie, sur laquelle il faut porter des divisions égales à AD. Supposons qu'il y ait impossibilité de porter ces divisions, au compas, sur la ligne donnée elle-même.

On mènera, alors, par le point A, une droite quelconque AP, et ayant tracé la droite DE avec une direction arbitraire, on aura, sur cette droite AP, une grandeur AE qu'on portera, au compas, sur le prolongement de cette ligne.

Si, alors, on mène, par les points de division F, G, H, I, des parallèles à la droite DE, elles couperont la ligne donnée aux point *f*, *g*, *h*, *i*, qui comprendront entre eux des grandeurs égales à AD.

Quand on a obtenu un certain nombre de divisions, on peut remplacer la ligne auxiliaire AP par une autre, telle que *h*R, menée par l'avant-dernier point de division et, si on veut, dans une direction différente. Alors, par le dernier point *i*, on mènera une droite *i*K, à laquelle il n'est pas nécessaire de donner la même direction qu'à la droite DE, et on opèrera pour cette nouvelle droite comme pour la première.

On aurait pu aussi, au lieu de mener la droite AP par l'extrémité de la droite donnée, en mener une quelconque telle que MN.

Dans ce cas, par les points A et D, on aurait mené deux droites parallèles, telles que AM et DE′, et on aurait porté sur cette droite MN des grandeurs égales à ME′; ensuite, en menant les parallèles F′*f*, G′*g*, etc., à la droite DE′, la ligne donnée se trouverait partagée en parties égales.

71. *Même question. Solution en perspective* (Pl. XIII, fig. 4). — Comme dans l'exemple précédent, la solution perspective diffère de la solution géométrique, en ce que les lignes auxiliaires, au lieu d'être tout-à-fait quelconques, doivent être nécessairement parallèles à la ligne d'horizon, et que les droites parallèles menées par les points de division doivent ici aller concourir sur la ligne d'horizon.

Nous mènerons donc la droite auxiliaire et indéfinie AP, parallèle à la ligne d'horizon, et la droite C′DE passant en un point quelconque de la ligne d'horizon; cette droite donnera sur AP la grandeur AE qu'on portera à la suite, ce qui donnera les points F, G, H, I, K, L, O, et, par ces points, on mènera les lignes C′F, C′G, C′H, etc., au point de concours C′. On obtiendra par là, sur la droite donnée, les points *f, g, h, i, k, l, o*.

Pour continuer la division de la ligne AB, on mènera, par l'avant-dernier point *l*, une nouvelle droite *l*R, encore parallèle à la ligne d'horizon et, après avoir choisi un nouveau point de concours C′, on mènera la droite C′*o*1. Ensuite, on portera sur *l*R des divisions égales à *l*-1, qui donneront les points 2, 3, 4, 5, etc., et on tirera C′-2, C′-3, C′-4, etc., qui seront encore des droites parallèles entre elles, mais non parallèles aux premières, puisqu'elles n'ont plus le même point de concours. On obtiendra ainsi les nouveaux points de division, 2′, 3′, 4′, 5′, 6′, 7′, 8′, 9′.

On pourra encore continuer les divisions, et la nouvelle ligne auxiliaire sera 9′-S, qu'on a mené, ici, par la dernière division obtenue 9′. Alors, après avoir choisi le nouveau point de concours C″, on le joint avec l'avant-dernier point 8′, ce qui donne, sur la droite 9′-S, la grandeur *n*-9′, qu'on porte à la suite pour avoir les points *a, b, c, d*, etc., et on opère de même, par ces points, en menant les parallèles C″ *a*, C″ *b*, C″ *c*, etc.

Au lieu de prendre la première ligne auxiliaire AP, on aurait pu prendre la ligne MN, aussi parallèle à la ligne d'horizon; mais alors on aurait mené, par les points A et D, deux droites allant concourir au même point C′ sur la ligne d'horizon. Ces deux droites auraient donné, sur la ligne MN, la grandeur ME′, et on aurait alors opéré comme ci-dessus.

72. *Diviser une droite, d'une grandeur donnée, en par-*

ties proportionnelles à plusieurs lignes données. Solution géométrique (Pl. XIV, fig. 1 et 2). — Soit AB la droite donnée en grandeur, et qu'il faut diviser en trois parties proportionnelles aux trois droites P, O, M.

Nous mènerons, par le point A, une droite indéfinie AE sur laquelle on portera, à la suite les unes des autres, les trois lignes P, O et M. On joindra ensuite le dernier point H avec le point B, et on mènera, par les points intermédiaires G et F, deux droites GI et FK parallèles à BH. La ligne AB sera ainsi divisée en trois parties AK, KI et IB, proportionnelles aux trois droites données.

73. *Solution en perspective* (Pl. XIV, fig. 2 et 3). — Les mêmes observations se représentent relativement à la ligne auxiliaire, qui doit être parallèle à la ligne d'horizon, et aux parallèles perspectives, qui doivent avoir un point de concours.

Ainsi, par le point A, on mène la ligne indéfinie AE parallèle à la ligne d'horizon, et on porte, sur cette droite, les trois lignes P, O et M, ce qui donne les points F, G et H. On joint ensuite le point H avec l'extrémité B de la droite, et on détermine par là le point de concours C, sur la ligne d'horizon, par lequel on fait passer les deux autres droites CG et CF perspectivement parallèles à CH.

La droite donnée est ainsi divisée en trois parties : AK, KI et IB, proportionnelles aux droites données.

74. *Connaissant, sur une droite donnée indéfinie, deux divisions consécutives, de grandeurs différentes, les porter alternativement sur le prolongement de cette droite. So-*

lution géométrique (Pl. XIV, fig. 4). — AB est la droite donnée indéfinie, et AF et FG sont les deux divisions consécutives inégales.

Ayant mené la ligne quelconque indéfinie AS, on tracera, par les points F et G, deux parallèles avec une direction arbitraire. On déterminera ainsi, sur la ligne auxiliaire AS, deux grandeurs inégales Af et fg. Alors, en les portant alternativement sur le prolongement de cette ligne, on aura les points 1, 2, 3, 4, par lesquels on fera passer les lignes 1-1′, 2-2′, 3-3′, etc., parallèles à Gg. On obtiendra ainsi, sur la droite donnée, les divisions G-1′, 1′-2′, 2′-3′, etc.

On pourra, pour continuer les divisions, répéter les mêmes opérations avec les deux divisions 2′-3′ et 3′-4′.

75. *Même question. Solution en perspective* (Pl. XIV, fig. 5). — On donne la ligne indéfinie AB et les deux divisions inégales AF et FG.

On mènera la ligne auxiliaire AS, parallèle à la ligne d'horizon, et les deux lignes CFf et CGg, ayant un point de concours quelconque C sur la ligne d'horizon, et qui, dès-lors, représenteront deux parallèles en perspective.

Ensuite on portera, sur le prolongement de AS et alternativement, les longueurs Af et fg, ce qui donnera les points 1, 2, 3, 4, 5, 6, 7, par lesquels on conduira les lignes C-1, C-2, C-3, etc. De cette manière on aura, sur la droite donnée, les divisions G-1′, 1′-2′, 2′-3′, 3′-4′, 4′-5′, 5′-6′ et 6′-7′.

Pour continuer la division de la ligne donnée, on mènera, par le point 5′, une nouvelle droite auxiliaire, toujours parallèle à la ligne d'horizon et, avec le nouveau point de concours C′, on opèrera comme pour les premiers points.

CHAPITRE XI.

LIGNES PARALLÈLES DONT LE POINT DE CONCOURS SE TROUVE EN DEHORS DU CADRE.

76. *Inconvénient de la méthode générale.* — Lorsqu'on donne plusieurs points et une droite quelconque en perspective, et qu'il s'agit de mener, par les points donnés, des droites perspectivement parallèles à la droite donnée, on sait que toutes ces parallèles doivent, avec la droite donnée, avoir un point de concours. Par conséquent, le moyen le plus exact et le plus simple serait, si on connaissait ce point de concours, de mener, par chaque point donné, une droite allant passer par ce point.

Cependant, il arrivera très souvent que ces droites parallèles auront leur point de concours en dehors du cadre, et quelquefois très éloigné. Il faudrait donc, dans ce cas-là, prolonger des lignes en dehors du cadre et souvent à une grande distance, et la difficulté qui se présente alors rend ce moyen impraticable.

Or, quand des droites doivent remplir certaines conditions, comme, par exemple, d'être parallèles, il convient de baser les méthodes de construction sur les conditions auxquelles elles doivent satisfaire, et, dès-lors, nous devons chercher ces droites de manière à ce que, si on les prolongeait en dehors du cadre, elles iraient effectivement toutes passer par le même point.

77. *Construction sans sortir des limites du cadre.* (Pl. XV, fig. 1). — *Premier Cas.* Soit, la droite donnée AB, que nous supposons horizontale et soient, encore, les points donnés F, G, H, que nous supposerons tous trois en ligne droite. Dans le cas contraire, on pourrait toujours les considérer deux à deux en ligne droite, comme nous le verrons dans l'exemple suivant.

Menons la droite IH qui réunit tous les points donnés et supposons, pour un instant, le problème résolu. La droite AB étant horizontale, le point de concours de ses parallèles doit être sur la ligne d'horizon et sera, par conséquent, le point C : les lignes cherchées seraient donc les droites FC, GC et HC. Or, si on considère toutes les droites qui concourent au point C, ainsi que la ligne d'horizon, et qu'on coupe toutes ces droites par une parallèle L′M′ à la droite IH, cette ligne L′M′ sera partagée, par les droites IC, FC, AC, GC et HC, en parties M′P′, P′O′, O′N′ et N′L′ proportionnelles aux parties IF, FA, AG et GH de la droite IH.

On n'aura donc qu'à prendre, dans l'intérieur du cadre et sur la ligne d'horizon, un point quelconque K qu'on joindra aux points F, A, G et H, ce qui donnera de nouvelles lignes concourantes IK, FK, AK, GK, HK, et, en menant une droite quelconque LM parallèle à IH, elle sera partagée en parties proportionnelles à celles de IH.

Il faudrait, alors, transporter la droite LM entre les premières lignes concourantes, de manière à ce que ses points de division correspondent aux droites qui doivent concourir au point C. Or, comme de toutes ces lignes concourantes, on ne connaît que la ligne d'horizon et la droite donnée AB, on fera glisser la droite LM parallèlement à elle-même, en ayant soin que le point M, qui est sur la ligne d'horizon, reste toujours sur cette ligne, en même temps que le point O, situé sur la droite AK qui passe par le point A, viendra se placer en O′ sur la droite AB passant par le même point. Il suffit, pour cela, de mener par le point O, une parallèle O′ à la ligne d'horizon, jusqu'à sa rencontre avec AB.

On mènera, alors, par le point O′, une parallèle L′M′ à IH ou LM, qui représentera la droite LM dans sa nouvelle position, et, puisque les points de division doivent correspondre aux nouvelles droites, on mènera, par les points P, N et L, des parallèles à la ligne d'horizon PP′, NN′, LL′ qui donneront sur L′M′ les points P′, N′, L′, par où doivent passer les droites cherchées.

On obtiendra ainsi les droites FP′, GN′ et HL′, perspectivement parallèles à AB, puisqu'elles ont le même point de concours C sur la ligne d'horizon.

78. *Même question, deuxième cas.* (Pl. XV, fig. 2.) — Soient, encore, la droite horizontale donnée AB et les points F, G et H, mais qui, dans cet exemple, ne sont plus en ligne droite.

On joindra, par une droite FI, deux quelconques des points donnés, par exemple les points F et G, et on appliquera à ces deux points la méthode précédente, c'est-à-dire qu'on mènera, à un point quelconque S sur la ligne d'horizon, les droites FS, AS et GS. On les coupera ensuite par une droite quelconque KL, et on fera glisser le point M de cette droite, parallèlement à la ligne d'horizon, jusqu'à ce qu'il soit arrivé en M′ sur la droite donnée AB. On mènera, par le point M′, la droite K′L′ parallèle à KL et on y transportera, toujours parallèlement à la ligne d'horizon, le point K en K′ et le point N en N′; les deux droites FK′ et GN′ seront alors déterminées.

Quant au troisième point H, on pourrait le joindre, par une droite, avec un des deux points précédents et répéter la même construction. Mais, on peut encore mener, par ce point H, une parallèle au bord latéral du cadre, jusqu'à sa rencontre en O avec la droite donnée AB. Ensuite, ayant choisi un point sur la ligne d'horizon, son extrémité X par exemple, on mènera les droites HX et OX.

On cherchera alors, dans le triangle OXP, une droite B′X′ parallèle à la base, et telle qu'en la transportant dans le triangle OCP, elle devienne BX; pour cela, on fera glisser le point B parallèlement à la ligne d'horizon, jusqu'en B′ sur la droite OX, et menant alors B′X′ parallèle à OP, on obtiendra le point Q′ par son intersection avec HX. Ce point Q′, ramené sur BX au point Q, déterminera la dernière droite cherchée HQ.

79. *Même question, troisième cas.* (Pl. XV, fig. 3). — Dans cet exemple il ne s'agit plus de droites horizontales, dont le point de concours est, par conséquent, sur la ligne d'horizon, mais bien de droites parallèles

quelconques et dont le point de concours est, dès lors, en un point quelconque du tableau ou de son prolongement.

Alors, une seule droite donnée n'est plus suffisante; il en faut absolument deux pour determiner leur point de concours.

Soient, donc, les droites données AC et BC, dont le point de concours C est en dehors du cadre, et soient les points F, G et H, par lesquels il faut mener des parallèles à ces droites. Nous supposerons, encore, les points donnés en ligne droite; car, dans le cas contraire, on pourrait toujours les considérer ainsi, en les prenant deux à deux comme dans l'exemple précédent.

Ayant joint tous les points donnés par une droite AH, qui coupe les droites données aux points A et B, nous prendrons sur l'une d'elles, la droite AC par exemple, un point quelconque I que nous joindrons avec chaque point donné, par les droites FI, BI, GI et HI, et nous couperons toutes ces droites par la ligne KL parallèle à AH.

Alors, faisant glisser cette droite parallèlement à elle-même, le point K restant toujours sur AI, les points M, N, O, L suivront les parallèles MM′, NN′, OO′, LL′, et, quand le point N sera arrivé en N′ sur la droite donné BC, on mènera, par ce point N′, une parallèle L′ K′ à LK, ce qui donnera les points d'intersection L′, O′, M′. Il suffira alors de mener, par ces points, les droites HL′, GO′ et FM′, qui seront les droites cherchées et qui, étant prolongées, iraient bien passer au point de concours C. Le même raisonnement que dans le premier cas servirait à démontrer cette méthode.

CHAPITRE XII.

PERSPECTIVE DE PAVÉS, PARQUETS, ETC.

80. *Pavé formé d'un assemblage d'hexagones réguliers, dont deux côtés sont perpendiculaires au tableau.* (Pl. XVI, fig. 1 et 2) — Soit, fig. 1, l'espace rectangulaire ABCD renfermant un assemblage d'hexagones réguliers, disposés de manière à avoir deux côtés perpendiculaires au tableau.

On voit dans cette figure que si, par tous les sommets des hexagones, on mène deux systèmes de droites parallèles et perpendiculaires au tableau, le côté 1-N de l'un des polygones extrêmes étant prolongé, coupe toutes les perpendiculaires au tableau aux mêmes points que les parallèles au tableau.

Il s'agira donc de déterminer, en perspective, le système de lignes perpendiculaires au tableau. On cherchera, ensuite, la perspective du côté de l'un des polygones, du côté 1-N par exemple, et ses intersections avec les premières droites donneront des points appartenant aux droites du second système, c'est-à-dire parallèles au tableau.

Pour cela, on cherchera la perspective des points A et B, et on partagera la droite AB, fig 2, en autant de parties égales que dans la fig. 1, par exemple en 18 parties; on mènera alors les droites AV, 1-V, 2-V, etc., perpendiculaires au tableau.

Quant au côté 1-N, on l'obtiendra en cherchant la perspective d'un de ses points, du point N par exemple. Pour cela on mènera dans le plan, par le point N, une droite à 45° NH, et on cherchera la perspective H du point H; ensuite, par ce point, on mènera la ligne à 45° HN dont l'intersection avec VB donnera le point N. Alors, en joignant les points 1 et N, on aura la perspective de la droite 1-N.

En prenant les points d'intersections de cette droite 1-N avec chaque perpendiculaire au tableau on pourra mener, par ces points, une suite de droites parallèles à la ligne d'horizon, qui seront les perspectives des droites du second système.

Les sommets des hexagones se trouvant aux intersections de ces deux systèmes de droites, il ne restera plus qu'à les réunir pour avoir la perspective de l'ensemble de ces hexagones.

81. *Pavé d'octogones réguliers et de carrés ayant deux côtés perpendiculaires au tableau* (Pl. XVII, fig. 1 et 2). — Soit (fig. 1), l'ensemble d'octogones et de carrés, limités du côté du tableau à la droite AB parallèle au tableau.

On observera :

1° Que tous les sommets des octogones se trouvent aux intersections des deux systèmes de droites parallèles et perpendiculaires au tableau; 2° que si, par le point A, centre de l'un des carrés, on mène une droite à 45°, cette ligne coupera chaque perpendiculaire au tableau en un point appartenant aux droites du second système.

Pour obtenir la perspective de ces polygones, on fera donc d'abord la perspective de la droite AB, sur laquelle on déterminera les grandeurs A-1, 1-2, 2-3, qu'on portera ensuite sur le reste de la droite, en ayant soin de porter toujours deux petites divisions et une grande. On obtiendra ainsi les points 1, 2, 3, 4, etc., par lesquels on fera passer les droites 1-V, 2-V, 3-V, etc., perpendiculaires au tableau.

Ensuite, par le point A, on construira la droite AG à 45°, et ses intersections avec les droites 1-V, 2-V, 3-V, etc., donneront les points par lesquels on fera passer les droites parallèles à la ligne d'horizon.

Il faudra, enfin, chercher les points d'intersections, comme dans la fig. 1, et joindre ces points entre eux pour obtenir la perspective des octogones et des carrés.

82. *Pavés placés obliquement par rapport au tableau.* — Dans les deux exemples précédents, nous avons supposé que les polygones avaient une position particulière par rapport au tableau, qui facilitait la construction.

Il peut, cependant, arriver fréquemment que ces polygones soient placés d'une manière quelconque par rapport au tableau. Dans ce cas, on observera néanmoins que les droites qui contiennent les sommets forment toujours deux systèmes de lignes perpendiculaires entre elles et dont il s'agit de trouver les intersections.

Seulement, les droites qui étaient perpendiculaires au tableau lui seront obliques et auront, par conséquent, un point de concours sur la ligne d'horizon, autre que le point de vue et qu'on devra déterminer ; et les droites de l'autre système, qui étaient parallèles à la ligne d'horizon, auront aussi un point de coucours sur cette ligne qu'on déterminera également.

Quant aux points du premier système, par lesquels on devra faire passer les droites du second système, on les trouvera toujours au moyen d'une droite auxiliaire, telle que 1-N (pl. XVI, fig. 1), ou telle que AG (pl. XVII, fig. 1). On trouvera ces droites en perspective, au moyen de leur point sur la ligne AB, et d'un point quelconque dont on fera la perspective par la méthode générale. Les intersections de cette droite auxiliaire, avec les droites du premier système, seront les points par lesquels on fera passer les droites du second système, et les sommets des polygones seront les points de rencontre de ces droites deux à deux.

Les élèves devront s'exercer à la construction de ces divers exemples.

CHAPITRE XIII.

—

PERSPECTIVE DES HAUTEURS.

83. *Modifications à la méthode générale.* — Nous avons vu (N° 38) comment on devait opérer pour obtenir la perspective d'un point dans l'espace. Il nous reste, maintenant, à ajouter quelques observations sur la méthode générale et, en même temps, à apporter des simplifications à cette méthode, dans certains cas que nous examinerons successivement.

84. *Changement de la ligne d'horizon et de la base du tableau.* — Nous avons dit, en commençant, que, pour faire la perspective d'un point dans l'espace, il fallait d'abord faire la perspective de sa projection horizontale et élever ensuite, par cette projection, une verticale indéfinie, à laquelle on devait donner une longueur dépendant de la hauteur des points au-dessus du plan horizontal.

Nous remarquerons, d'abord, que la projection horizontale d'une figure ne change pas de forme, à quelque distance de cette figure qu'on place le plan horizontal. Les verticales sont plus ou moins longues, mais leurs pieds sur le plan horizontal restent toujours les mêmes.

Nous pourrions donc imaginer que la base du tableau s'abaisse ou s'élève, en même temps que le plan horizontal qui passe par cette base, et les figures, tracées dans ce plan, pourront avoir des perspectives qui changeront de forme, sans que la position des verticales varie en rien.

Nous pourrions, encore, supposer que l'œil se déplace sur sa verticale en s'abaissant ou en s'élevant. La forme de la perspective de la projection horizontale changera, mais les verticales resteront encore les mêmes.

D'après ces deux observations, toutes les fois qu'on pourra disposer autour du tableau d'un certain espace, il conviendra de prendre, pour base du tableau, une droite parallèle à la première, mais placée au-dessous ou au-dessus et, en même temps, de prendre pour ligne d'horizon une droite située en dehors du cadre et parallèle à la base. En construisant, avec ces nouvelles droites, la perspective du plan, cette perspective ainsi que les lignes de constructions se trouveront en dehors du véritable tableau, et le dessin obtenu sera toujours plus propre et plus correct.

On mènera, par les points de la perspective du plan, des verticales indéfinies qui n'auront pas changé par la modification précédente, et sur lesquelles il restera à déterminer la position des points dans l'espace, au moyen de l'échelle de hauteur.

85. *Déplacement de l'échelle et du plan des hauteurs.* — Dans le N° 38, nous avons nommé *plan des hauteurs* un plan vertical perpendiculaire au tableau et passant par le bord vertical du cadre. C'est dans ce

plan que nous avons dit qu'on traçait deux droites perpendiculaires au tableau et parallèles entre elles, l'une dans le plan horizontal de la base, et l'autre distante de la première d'une quantité égale à la hauteur du point qu'on voulait déterminer; laquelle hauteur donnée se portait sur la droite que nous avons nommée *échelle de hauteur*.

Observons, maintenant, qu'on peut remplacer ce plan par tout autre en dehors des limites du cadre, passant par une verticale quelconque, autre que le bord du cadre lui-même.

On peut, en outre, faire tourner ce nouveau plan autour de la verticale et lui donner une inclinaison quelconque.

En effet, si on mène dans ce nouveau plan deux horizontales, l'une passant dans le plan de la base et l'autre parallèle à la première, et qui soient distantes entre elles autant que celles du premier plan, quand on transportera, dans ce plan, une verticale quelconque, en la faisant glisser parallèlement à la base du tableau, les deux parallèles détermineront, sur cette verticale, la même hauteur que si on avait employé le plan primitif des hauteurs.

86. *Application de ces divers principes à la perspective d'une verticale* (Pl. XVIII). — Soient (fig. 1) l'angle optique tVt', le tableau tt', et le point A, pied d'une verticale qu'il s'agit de mettre en perspective et dont la grandeur AB est donnée. Soient, encore (fig. 2), le tableau TTuu, la ligne d'horizon XY et le point de vue V.

Pour faire la perspective du point A, nous appliquerons le principe N° 84; nous prendrons pour ligne d'horizon (fig. 3) la droite TT' et pour base du tableau la ligne T'T'. Nous ferons, dans ce nouveau tableau, les constructions préliminaires de l'échelle de distance T'V', de l'échelle de largeur E'L', de l'échelle de hauteur E'E, et nous construirons, par les méthodes ordinaires, la perspective A' du point A. Enfin, nous mènerons, par le point A', la verticale indéfinie A'AB jusque dans le véritable tableau (fig. 2), et il ne restera plus qu'à déterminer les extrémités perspectives de cette verticale.

Pour cela, si on employait le plan primitif des hauteurs, passant par la verticale Tu, on aurait dans ce plan la première droite TV, et, en prenant sur l'échelle de hauteur une grandeur Eb = AB (fig. 1), on mènerait la seconde droite MV parallèle à la première. Ces deux droites comprendraient entre elles la grandeur perspective égale à AB. Alors, on transporterait dans ce plan la verticale AA', en faisant glisser son pied A' sur l'horizontale A'D' jusqu'en D', ce qui en déterminerait la grandeur DM qu'on reporterait en AB sur la droite.

Mais, au lieu de ce plan, on peut prendre, par exemple, celui qui passerait par la verticale quelconque KK' (fig. 3), et, comme on peut lui donner une inclinaison quelconque, supposons que le point de concours de l'horizontale inférieure soit le point C'. Alors, la droite parallèle située dans le plan horizontal de la véritable base du tableau sera CK et, en transportant dans ce plan l'échelle de hauteur en F', on portera la grandeur AB à partir de F jusqu'en b'. Or, la seconde droite, étant parallèle à la première, devra avoir le même point de concours C et sera, par conséquent, CN. En faisant glisser la verticale A'A jusque dans ce plan, suivant la droite A'G', la verticale G'GN comprendra, de G en N, la grandeur cherchée, qu'on reportera ensuite sur la droite AB.

Enfin, on aurait pu prendre le plan des hauteurs passant par la verticale QQ' (fig. 4), et lui donner une inclinaison quelconque en prenant, pour point de concours des horizontales de ce plan, le point O' par exemple. Alors, l'horizontale du plan de la base serait OQ, et, en transportant l'échelle de hauteur en H'Hb'', la hauteur Hb''=AB aurait déterminé la seconde droite OP. D'un autre côté, la verticale A'A, transportée dans ce plan suivant A'S', serait devenue SP, et cette grandeur, transportée en AB, aurait déterminé la perspective cherchée.

87. *Perspective d'un tronc de pyramide régulière* (Pl. XIX, fig. 1,2,3,4).— Soient : (fig. 1) ABCDFG, la base du tronc de pyramide sur le plan horizontal passant par la base du tableau, et *abcdfg* la projection horizontale de la seconde base du même tronc de pyramide. La droite H représente la hauteur du tronc, c'est à-dire la hauteur de chacun des points *a, b, c, d, f, g*, dans l'espace, au-dessus de sa projection. L'angle *tot'* est l'angle optique, le tableau est la droite *tt'* et le rayon principal *ov*R.

Soient, encore (fig. 2), le tableau TTUU sur lequel on veut construire la perspective du tronc de pyramide, la ligne d'horizon XY, le point de vue V, l'échelle de distance TV, l'échelle de hauteur *t*E et l'échelle de largeur EL.

D'après le N° 84, nous prendrons (fig. 3) pour ligne d'horizon auxiliaire la droite TT, et la nouvelle base du tableau sera T'T', le point de vue sera V', l'échelle de distance T'V', l'échelle de hauteur *t'*E' et l'échelle de largeur E'L'.

On construira, dans ce nouveau tableau auxiliaire, la perspective des deux polygones semblables ABCDFG et *abcdfg*.

Il conviendra, pour construire cette perspective, de rechercher tous les moyens de vérification et, en même temps, d'observer toutes les conditions particulières auxquelles sont assujétis ces deux polygones. Ainsi, il sera bon de faire la perspective du polygone ABCDFG, comme on l'a vu (N° 63), et de faire ensuite celle du polygone *abcdfg*, en tenant compte de ce que ses sommets doivent être sur les diamètres AD, CG et BF, et que ses côtés doivent être parallèles à ceux du premier polygone.

On ne saurait apporter trop de soin à la perspective du plan ou projection horizontale ; car, si cette perspective n'était pas exacte, celle du corps ne pourrait l'être, puisqu'elle se détermine au moyen de la première.

Ayant obtenu, par les méthodes exposées précédemment, les perspectives A'B'C'D'F'G' et *a'b'c'd'f'g'* des deux polygones, il faudra, par tous les sommets, élever des verticales indéfinies, sur lesquelles seront placés les sommets des polygones formant les bases du tronc. Cependant, il suffira de mener ces verticales par les sommets A′B′C′G′ et *a′b′c′g′* qui seuls doivent être visibles.

Il ne restera plus, alors, qu'à trouver les extrémités A, B, C, G et *a*, *b*, *c*, *g* de ces verticales pour avoir la perspective du tronc de pyramide.

Pour déterminer ces points dans l'espace, on doit se servir du plan et de l'échelle de hauteur ; mais, d'après le N° 85, nous pourrons prendre, pour plan des hauteurs, un plan en dehors des limites du cadre et dont la trace, sur le plan horizontal, serait I′O′ par exemple. La ligne parallèle à cette trace, dans le plan de la véritable base du tableau, serait IO et l'échelle de hauteur tracée dans ce plan serait E″E‴H. En portant sur cette droite une hauteur E‴H égale à H (fig. 1), et en menant la droite OK parallèle à IO, c'est-à-dire allant passer au même point de concours, ces deux droites intercepteront entre elles des distances perspectivement égales à H.

Pour trouver les points G et *g*, extrémités des verticales G′G et *g′g*, on fera glisser ces verticales suivant les droites G′-9′ et *g′*-10′, jusqu'à ce qu'elles soient arrivées dans le plan des hauteurs. La verticale passant par le point 9′, correspondant à G′, se termine à la première horizontale IO au point 9, et on transportera ce point 9 jusqu'en G sur la verticale G′G. La verticale passant par le point 10′ qui correspond au point *g′*, ne devra être terminée qu'à la seconde horizontale OK au point 10 qui, ramené sur la verticale *g′g*, déterminera le point *g*.

On pourrait opérer de même pour tous les autres

points et transporter, dans le plan des hauteurs, les verticales A'A, $a'a$, etc. On peut aussi opérer de la manière suivante, qui est préférable, lorsqu'il y a plusieurs verticales de même hauteur contenues dans un même plan.

Considérons, par exemple, les deux verticales A'A, B'B qui doivent être de même longueur. On conçoit que les extrémités A et B de ces droites seront déterminées, quand on connaîtra, dans leur plan, une horizontale qui soit à la hauteur de ces points. Or, pour trouver cette horizontale, il suffit de connaître dans le plan deux verticales quelconques, de même hauteur que celles qu'on cherche, et dont les extrémités donneront deux points de cette horizontale. Seulement, quoiqu'on puisse prendre ces deux verticales arbitrairement, il convient de les choisir aussi éloignées que possible l'une de l'autre, afin que les deux points par lesquels doit passer la ligne horizontale ne soient pas trop rapprochés, ce qui présenterait moins de précision.

Le plan contenant les verticales ayant pour trace sur le plan horizontal la droite A'B', on prendra sur cette droite deux points quelconques qui seront les pieds des verticales, et on choisira de préférence le point M', où la trace du plan rencontre le bord du cadre, et le point P' où elle rencontre la trace du plan des hauteurs. La verticale passant par le point P' sera P'P, et, comme elle est dans le plan des hauteurs, sa grandeur sera tout de suite obtenue et elle se terminera au point P sur la première horizontale. Quant à celle qui passe par le point M', on la transportera parallèlement à la base du tableau, suivant la droite M′N′, jusque dans le plan des hauteurs, où elle sera alors représentée, en grandeur, par la droite N′N. On reportera cette grandeur N′N jusqu'en M, sur le bord du cadre et, alors, en joignant le point P au point M , on aura une horizontale menée dans le plan des deux droites et à la hauteur de leurs extrémités. Par conséquent, on aura les limites de toutes les verticales de même grandeur, contenues dans ce plan, par exemple des deux droites A′A et B′B, en prenant leurs points de rencontre avec cette horizontale PM.

On opérera de même pour les deux verticales *a′a* et *b′b*. Les verticales auxiliaires, choisies dans ce plan, passent par les points Q′ et S′ de sa trace horizontale. Celle qui passe par le point S′ se termine au point S sur la seconde horizontale. Celle qui passe par le point Q′ se transporte dans le plan des hauteurs, suivant la droite Q′R′, et se termine, alors, au point R qu'on reporte sur le bord du cadre au point Q. L'horizontale du plan est donc la droite SQ, et elle coupe les deux verticales indéfinies aux points *a* et *b*.

Passons aux verticales *b′b* et *c′c*. Le plan qui les contient a pour trace la droite *b′c′* qu'on prolonge, d'une part, jusqu'au point 4′ sur le bord inférieur du cadre, et, d'autre part, jusqu'en 6′ sur le bord latéral.

On prendra pour verticales auxiliaires celles qui passent par ces deux points 4′ et 6′. On les transportera toutes deux dans le plan des hauteurs, en les faisant glisser suivant les droites 4′-T′-1′ et 6′-7′, parallèles à la ligne d'horizon. Elles seront terminées, alors, aux points 5 et 7, sur l'horizontale supérieure, et on transportera ces extrémités sur les verticales elles-mêmes, aux points 4 et 6. Si, alors, on joint ces deux points, on aura la perspective d'une horizontale située dans le plan des droites $b'b$ et $c'c$, et qui coupera ces verticales aux points b et c, qui seront à la hauteur cherchée.

Enfin, on opérera de la même manière pour les deux verticales B'B et C'C. La verticale auxiliaire, passant par le bord latéral du cadre, se transportera dans le plan des hauteurs sur la droite 3'-3, et son extrémité se reportera sur le bord du cadre, au point 2.

Quant à la seconde verticale, qui passe par le point Z', on la fera glisser suivant le bord du cadre, jusqu'en I'I, et son extrémité, qui est sur la première ligne horizontale, se trouvera sur le bord inférieur du véritable tableau, au point Z. Alors la droite Z-2 déterminera les deux points B et C.

Il ne restera plus qu'à joindre ces points, pour avoir la perspective du tronc de pyramide.

On remarquera qu'on n'a pas déterminé, sur le véritable tableau, les perspectives des points dans l'espace appartenant à des arêtes qui ne sont pas apparentes.

CHAPITRE XIV.

—

ARCS CIRCULAIRES.

88. *Perspective d'une galerie droite avec pilastres, et recouverte d'un berceau cylindrique* (Pl. XX, fig. 1 et 2 et Pl. XXI). — Soient: (Pl. XX, fig. 1) le plan de la galerie et, fig. 2, son élévation. On suppose, dans cet exemple, que le rayon principal est dirigé parallèlement à l'axe de la galerie, ou perpendiculairement au plan de la section circulaire.

L'œil est placé en O, le rayon principal est OR, le tableau tt' et l'angle optique MON; les droites tE et t'E' sont les échelles de distance.

On fera, d'abord, la perspective du plan et, pour cela, il conviendra d'employer, le plus possible, des méthodes basées sur la forme de la figure.

On emploiera d'abord la méthode générale pour avoir la perspective des points A et B déterminant l'épaisseur d'un pilastre, du point C indiquant la largeur d'un pilastre, du point D représentant avec A la largeur totale de la galerie, et du point G donnant, avec le même point A, la distance des faces apparentes de deux pilastres consécutifs.

Pour achever la perspective du plan, on ne se servira plus de la méthode générale. Ainsi, après avoir trouvé (Pl. XXI) les points A, B, C, D, G, perspectives des points ci-dessus désignés, on pourra trouver l'épaisseur du pilastre à droite en portant, sur la ligne AD et à gauche du point D, une grandeur DF = AB.

On déterminera encore sur la droite indéfinie AV, perpendiculaire au tableau, les points qui appartiennent à chaque pilastre, par cette observation que la ligne AV doit être partagée alternativement en parties de deux grandeurs, l'une égale à AC et l'autre à CG. Pour cela, il suffira, comme on l'a vu (n° 75), de joindre les trois points A, C et G avec un point quelconque U de la ligne d'horizon, au moyen de trois droites AU, CU et GU qui couperont la droite AD aux trois points A, C′ et G′. On portera, alors, sur le prolongement de cette droite et alternativement, les deux grandeurs AC′ et C′G′, ce qui donnera les points 1′, 2′, 3′, 4′ et 5′. En joignant ces points avec le point U, on aura des droites qui couperont la perpendiculaire AV aux points cherchés 1, 2, 3, 4, 5.

Pour avoir la perspective des bases de tous les pilastres, on n'aura plus qu'à mener les perpendiculaires au tableau BV, FV et DV, et on coupera ces perpendiculaires par des horizontales menées des points C, G, 1, 2, 3, 4, 5.

On élèvera ensuite, par les angles de ces bases, des verticales indéfinies, dont il restera à déterminer la grandeur comprise entre leurs extrémités inférieures et la naissance du berceau circulaire.

A cet effet, on prendra, pour plan des hauteurs, le plan vertical ayant pour trace la ligne AV, et, après avoir porté sur l'échelle de hauteur EH la longueur $EQ' = aQ$, prise (Pl XX, fig. 2), on transportera cette échelle dans le plan des hauteurs, ce qui donnera la droite aa' ; enfin, on mènera la perpendiculaire $Va'Q$ qui comprendra, avec la droite AV, des grandeurs verticales qui seront toutes perspectivement égales à aa' ou EQ'.

Les verticales contenues dans la face du mur à gauche seront toutes terminées à cette droite VQ.

Pour limiter les autres verticales, on mènera, par le point Q, l'horizontale QQ'' qui coupera les trois autres verticales du premier plan, Bq, Fq' et DQ'', aux points q, q', et Q''. Menant, alors, par ces trois points, les perpendiculaires Vq, Vq' et VQ'', elles limiteront chacune les verticales contenues dans leur plan.

Quant aux cercles que forment les cintres qui surmontent chaque pilastre, comme ils sont dans des plans parallèles au tableau, leurs perspectives seront de véritables cercles, et, pour les obtenir, il suffira de connaître le centre et le rayon de chacun.

Or, leurs diamètres étant représentés, en véritable grandeur, par les droites qui réunissent les verticales qui leur sont tangentes, on prendra le milieu de l'un d'eux, du diamètre qq' par exemple, et si on joint son milieu S avec le point de vue, on aura une droite SV qui sera l'axe du cylindre et, par conséquent, contiendra les centres de tous les cercles. Les intersections de cette droite SV, avec les différents diamètres, donneront les centres de chaque cercle.

Ainsi, le point S sera le centre des deux cercles qui ont pour diamètre QQ″ et *qq′*, et ils pourront se décrire au compas.

Le cercle qui a pour diamètre la droite ZZ′ se décrira, du point S′ comme centre, et avec S′Z pour rayon. On trouverait, de même, tous les autres cercles. Seulement, on devra avoir soin de ne conserver définitivement que les verticales et les portions de cercles qui sont apparentes.

Pour figurer les assises tracées sur les murs verticaux, on prendra, dans le plan (Pl. XX, fig. 2), les hauteurs comprises entre les points *a*, 10, 11, 12, 13, 14, et on les portera sur l'échelle de hauteur *aa′*, (Pl. XXI) de *a* en 10′, 11′, 12′, 13′, 14′. En joignant ces différents points avec le point de vue, on aura les droites marquant les assises et qui détermineront, sur la verticale AQ, les points 10″, 11″, 12″, 13″, 14″. Par ces points et par ceux correspondants sur les autres pilastres, on mènera, sur les faces parallèles au tableau, les horizontales telles que 14″-14‴ qui seront encore les droites marquant les assises.

La division par assises, du berceau et des cintres, se fera en divisant un des cercles, par exemple celui qui a pour diamètre la droite G″-G‴, en autant de parties égales qu'il y en a d'indiquées (Pl. XX, fig. 2). Par chaque point de division, on mènera deux systèmes de droites : les unes, allant concourir au point de vue, marqueront les assises sur la surface du berceau, et les autres, allant passer au centre du cercle, indiqueront les joints des pierres ou voussoirs sur les faces des cintres parallèles au tableau. Ensuite, par les points où ces dernières lignes rencontreront les cercles intérieurs, tels que le point K, on mènera de nouvelles droites au point de vue et elles formeront les joints des voussoirs sur les surfaces intérieures des cintres.

Enfin, chaque rang entier de voussoirs formant le berceau se divisera en plusieurs parties, au moyen d'arcs de cercles.

Pour les obtenir, on prendra des points tels que le point 15, sur la droite QV. On mènera une horizontale 15-15′ jusqu'à sa rencontre au point 15′ avec l'axe du berceau et, de ce point comme centre, on décrira un arc de cercle, en ayant soin de l'interrompre au voussoir suivant, afin de faire alterner les joints.

89. *Perspective d'arcs circulaires, situés dans des plans obliques par rapport au tableau.* (Pl. XX, fig. 3 et 4, et Pl. XXII, fig. 1, 2 et 3). — Soient : (Pl. XX, fig. 3), les deux rangs d'arcades circulaires comprises entre les droites AG, BF et GH, IF, représentant les faces de deux murs, obliques par rapport au tableau *tt′* ; l'œil est placé en O, le rayon principal est OR et l'angle optique MON.

On emploiera la méthode générale pour faire les perspectives de ces droites AG, BF, GH et IF, ainsi que celles des points A, B, C, D, H, F, K, L.

On devra aussi, comme vérification, faire l'observation que les deux droites BF et FI sont perpendiculaires entre elles, et voir, par la méthode des carrés perspectifs, si ces droites en perspective remplissent bien cette condition. On obtiendra ainsi les droites, *a*G, *b*F, *i*F et *h*G (Pl. XXII, fig. 1).

Pour achever la perspective des bases des piliers, on divisera les droites *b*F et *i*F, en parties alternativement égales à *bc* et *cd* ou à *ik* et *kl*, ce qui donnera les points 1, 2, 3, 4, 5, 6, 7, sur *b*F et 8, 9, 10, sur *i*F. Ensuite, si on peut se servir des points où les droites *b*F et *i*F rencontrent la ligne d'horizon, on mènera, par les points obtenus en dernier lieu, des droites qui iront concourir à ces points, et, dans le cas où ces points de concours seraient en dehors du tableau, on emploiera la méthode indiquée (N° 77). On obtiendra ainsi les bases de tous les piliers.

Il faudra, maintenant, élever par chaque base des piliers, des verticales indéfinies dans le tableau TT, et trouver les extrémités inférieures et supérieures de ces verticales.

Nous ne développerons que les constructions relatives aux faces des murs représentées par les droites *b*F et *i*F.

On construira d'abord le plan des hauteurs : on prendra, pour cela, un point quelconque O′ sur la ligne d'horizon auxiliaire, et on mènera une droite quelconque O′M′, qui sera la trace du plan des hauteurs sur le plan horizontal passant par la base T′T′ du tableau auxiliaire. Ce même plan aura pour trace, sur le véritable plan horizontal, la droite OM, qu'on obtient en portant le point O′ en O sur la véritable ligne d'horizon, et le point M′ en M sur la véritable base. On portera alors les mêmes grandeurs sur l'échelle de hauteur, à partir du point E.

Pour trouver les limites des pieds-droits, il suffira de connaître, dans chacun de ces plans, deux verticales quelconques, ayant la longueur des pieds-droits. A cet effet, on prendra d'abord la verticale passant par le point F, parce qu'elle se trouve, à la fois, dans les deux plans. Après avoir porté, sur l'échelle de hauteur, une grandeur EQ′ égale à CQ (Pl. XX, fig. 4), on mène la droite OQ′ qui comprend, avec la droite OM, une grandeur égale à celle des pieds-droits. Alors on fera glisser la verticale passant par le point F, suivant la droite F*f*, jusqu'à ce qu'elle soit dans le plan des hauteurs. Cette droite est ainsi terminée aux points *f′f″* (fig. 2), qu'on transporte sur la verticale du point F aux points F′ et F″ (fig. 3). On prendra ensuite, dans le plan *a*F, une verticale quelconque, par exemple celle passant par le point *n* sur le bord du cadre; on la transportera dans le plan des hauteurs, suivant la droite *nn′* parallèle à la ligne d'horizon, et elle se terminera alors aux points N′ et P′ (fig. 2), qu'on reportera sur la verticale représentée par le bord du cadre en N et P (fig. 3). En joignant le point P au point F″ et le point N′ à F′, on aura deux horizontales tracées sur la face du premier mur et qui détermineront les deux extrémités de chaque verticale.

Pour celles du second mur, la droite F′F″ servira également; quant à la seconde, on l'obtiendra en prolongeant la droite F*i* jusqu'à la trace du plan des hauteurs en S, et, si on élève la verticale SS′, elle sera en même temps dans le plan du mur et dans le plan des hauteurs. Cette verticale étant limitée entre les deux parallèles aux points S′, S″, si on joint ces points avec les points F′ et F″, on aura encore dans ce mur deux horizontales qui limiteront les verticales des pieds-droits.

Passons à la perspective des arcs circulaires qui surmontent ces pieds-droits, et qui sont placés obliquement par rapport au tableau. Nous décrirons les constructions pour les premiers arcs de chaque mur.

Nous devrons d'abord observer que si, dans l'une des faces des murs, on considère une verticale quelconque, NPT″ par exemple, comme représentant le diamètre vertical d'un cercle égal à ceux que nous cherchons, et si on suppose ce cercle tournant autour de son diamètre jusqu'à ce qu'il soit devenu parallèle au tableau, il aura alors pour perspective un véritable cercle dont on trouvera la grandeur dans le plan des hauteurs. Effectivement, si on porte, sur l'échelle de hauteur, une grandeur Q′*q*, égale au rayon du cercle, QP (Pl. XX, fig. 4), et si on mène la droite O*qq*′, elle déterminera, sur la verticale N′P′*q*′, une grandeur P′*q*′, perspectivement égale au rayon du cercle ; alors on pourra tracer ce cercle au compas, puisqu'on connaît son centre P′ et son rayon P′*q*′. Il suffit du quart de circonférence Q‴*z*″*q*′.

Or, il est évident que, si on marque sur le diamètre vertical les hauteurs de quelques points du cercle, ces hauteurs ne changeront pas, si on fait tourner ce cercle dans une position oblique quelconque.

Nous prendrons, alors, comme points particuliers du cercle le point q', qui est à l'extrémité du diamètre vertical et le point z'', milieu du quart de circonférence et tel, par conséquent, que le rayon passant par ce point ferait des angles de 45° avec les droites horizontales et verticales. Ce dernier point aura sa hauteur sur l'axe vertical au point z', ce qui donnera la droite Oz'.

Enfin, si on menait aux deux points à 45°, tels que z'', des tangentes au cercle, ces tangentes, dont l'une $t'z''$ est tracée, se couperaient sur l'axe au point t' et donneraient ainsi la droite Ot'.

On aura donc, dans le plan des hauteurs, quatre droites OP', Oz', Oq' et Ot', indiquant la hauteur du centre, des points à 45°, des points sur l'axe vertical, et des points d'intersection des tangentes à 45°.

Alors, en employant les mêmes verticales que pour les pieds-droits, on déterminera sur la droite NT'' les points Z, Q, t: sur la droite $F'F''$ les points z, q, t'', et sur la droite $S'S''$ les points z''', q'', t'''.

On mènera donc les horizontales Zz, Qq, tt'' sur l'un des murs et zz''', qq'', $t''t'''$ sur l'autre mur. Elles détermineront les hauteurs de ces points, choisis sur le cercle, ainsi que celle des points de rencontre des tangentes à 45°, et les centres seront sur les horizontales PF'' et $F''S''$ déjà trouvées.

Pour obtenir l'axe vertical, il suffira de mener les deux diagonales $C'D$ et CD'; leur intersection e donnera un point de cet axe qu'on tracera indéfini.

Les côtés CC' et DD' des pieds-droits étant prolongés, couperont la droite Qq et formeront le rectangle enveloppant la demi-circonférence cherchée.

Le centre P'' se trouvera au point de rencontre de l'axe vertical avec la ligne des centres PF''.

Si on joint ce centre avec les deux points r et r', sommets du rectangle, on aura les deux diagonales à 45°, sur lesquelles doivent être les points z^{V} et z^{IV}, et comme la droite Zz doit aussi les contenir, ils seront déterminés par les intersections de ces droites.

Enfin, on trouvera les tangentes à 45°, en prenant le point de rencontre t^{V} de l'axe vertical avec la droite tt'', et en joignant ce point avec les deux points trouvés z^{IV} et z^{V}, ce qui donnera les droites $t^{IV}z^{IV}$ et $t^{IV}z^{V}$.

On devra, de plus, observer que les trois côtés $C'r$, rr' et $r'D'$ du rectangle, sont aussi des tangentes au cercle aux points C', Q' et D', ce qui donne en tout, pour tracer la courbe perspective de la demi-circonférence, cinq points, C', z^{IV}, Q', z^{V} et D' et cinq tangentes, $C'r$, $t^{IV}z^{IV}$, rr', $t^{IV}z^{V}$ et $r'D'$.

Les mêmes constructions s'appliqueront à tous les arcs tracés, soit sur cette face du mur, soit sur la face parallèle située derrière, soit aussi sur les deux faces de l'autre mur.

Les autres parties de cette perspective s'obtiendront par les mêmes procédés, que nous avons déjà appliqués dans les exemples précédents.

CHAPITRE XV.

PERSPECTIVE DES VOUTES D'ARÊTE.

90. *Définition de la voûte d'arête* (Pl. XXIII, fig. 1). — On donne le nom de voûte d'arête à la surface courbe qui recouvre un espace rectangulaire CIKH, quand cette surface est formée de la manière suivante :

On imagine deux surfaces cylindriques : l'une est dirigée dans le sens des droites CH et IK, et sa section circulaire a pour diamètre CI; l'autre est dirigée suivant les droites CI et HK, et a pour section le cercle du diamètre CH. Ces deux surfaces cylindriques, de même hauteur, se coupent suivant deux courbes elliptiques, dont les directions ou les projections sont représentées par les diagonales CK et HI. Si, alors, du premier cylindre dirigé suivant CH, on ne conserve que les parties correspondantes aux espaces COI et HOK et que, du second, on ne conserve que les parties qui correspondent aux espaces COH et IOK, ces quatre parties du cylindre formeront la voûte d'arête, ainsi nommée à cause des deux arêtes elliptiques saillantes qui forment l'intersection des deux cylindres.

Ce sont ces deux arêtes elliptiques que nous devons chercher à obtenir en perspective.

91. *Construction de la perspective* (Pl. XXIII, fig. 1, 2, 3, 4). — L'espace AFRT (fig. 1) représente une galerie formée par deux rangs de pilastres, tels que BAC, FGH, etc, et recouverte par une suite de voûtes d'arêtes qui correspondent aux carrés CHKI, MNQP, etc. Le tableau *tt* est terminé, de part et d'autre, aux côtés de l'angle optique, le rayon principal est *v*R, dirigé parallèlement à l'axe de la galerie, et l'échelle de distance est *t*P.

On déterminera d'abord, sur le tableau TT′ (fig. 3), la ligne d'horizon OO′, d'après la hauteur à laquelle on suppose que l'œil est placé, le point de réduction R, le point *t*, extrémité de la base du tableau dans le plan, l'échelle de distance TV, l'échelle de largeur EL et l'échelle de hauteur *aa*′, qu'on place en dehors du cadre.

On fera encore, par la méthode générale, la perspective des points B, A, C, F, I (fig. 1), qui seront représentés (fig. 3) par les points B, A, C, F et I. Ensuite, sur le prolongement de la ligne BF, on portera la distance FG égale à BA, ce qui donne le point G. On mènera alors, au point de vue, les perpendiculaires BV, AV, FV, GV, qui limiteront latéralement les bases de tous les piliers. Ensuite, ayant déjà sur la perpendiculaire AV deux grandeurs AC et CI, indiquant l'épaisseur d'un pilier et sa distance au pilier suivant, on continuera les divisions de cette ligne AV en parties alternativement égales à ces deux divisions. On obtiendra ainsi les points M, P et les suivants. Alors, par tous ces points, on mènera des droites parallèles à la ligne d'horizon, qui achèveront de déterminer les bases.

Pour obtenir la perspective des hauteurs, on élèvera, par tous les angles des bases, les verticales indéfinies AA′, CC′, FF′, HH′, etc., et il faudra les terminer à la hauteur de la naissance de la voûte.

A cet effet, on portera sur l'échelle de hauteur la grandeur aa' (fig. 4), égale à AA′ (fig. 2), et on mènera la droite Oa'A‴ qui comprendra, avec la droite OT″, des grandeurs perspectivement égales à la hauteur des pieds-droits.

Alors on transportera, parallèlement à la base du tableau, la verticale AA′ (fig. 3) jusqu'en A″A‴ (fig. 4), dans le plan des hauteurs. On déterminera ainsi sa grandeur perspective, et on la reportera en A′ (fig. 3). La parallèle A′F′A‴, à la ligne d'horizon, terminera également la verticale FF′.

On mènera, ensuite, les perpendiculaires au tableau A′V et F′V, qui limiteront toutes les verticales à la hauteur de la naissance de la voûte.

Pour obtenir la perspective des arêtes elliptiques, on tracera d'abord le cercle A′Y′F′, qui est dans la face du mur parallèle au tableau et qui, par conséquent, est un véritable cercle. On connaît, pour cela, son diamètre A′F′; alors, de son milieu S comme centre, on décrira la demi-circonférence A′Y′F′ qui forme la face de tête de l'un des cylindres.

Ensuite, par le point Y′, qui est le point le plus élevé du cintre, on mènera la perpendiculaire Y′V au tableau, et c'est sur cette perpendiculaire que seront tous les points d'intersection des arcs elliptiques. On les trouvera en élevant des verticales par le point U, intersection des diagonales qui sont les projections des courbes, ainsi que par les points correspondants des autres carrés. On obtiendra, de cette manière, le point Y″ et tous les points semblables de chaque voûte.

Pour avoir les tangentes aux courbes à ce point Y″, on observera que ces tangentes sont situées dans le plan horizontal passant par la droite X′X et que, par conséquent, elles doivent toutes rencontrer les droites X′V et XV qui y sont contenues. De plus, l'une d'elles est dans le plan vertical qui passe par la diagonale HI, et l'autre dans celui qui passe par la diagonale CK; il en résulte que la première doit rencontrer les verticales I-2 et H-1, contenues dans le plan de la diagonale HI, et que la seconde doit rencontrer les verticales C-4 et K-3, contenues dans le plan de la diagonale CK.

On n'aura donc qu'à prendre les points de rencontre 1, 2, 3, 4, des perpendiculaires XV et X′V avec les verticales H-1, I-2, K-3 et C-4, et les droites qui joindront les points 1 et 2, 3 et 4, seront les tangentes cherchées, et devront, de plus, passer toutes deux par le point Y″. Il en sera de même pour les courbes des carrés suivants.

On devra, encore, déterminer les points correspondants aux points à 45° Z, Z, et les tangentes à ces points.

Pour cela, on observera que les arêtes du cylindre, qui contiennent ces points des courbes, passent par les points Z, Z du cercle A′Y′F′, qui déterminent les arcs de 45°. Or, ces arêtes, étant perpendiculaires au tableau, auront pour perspective les droites ZV, ZV, sur lesquelles seront les points cherchés. De plus, on remarquera que, si du point Z on abaisse la perpendiculaire ZZ′ sur le plan horizontal, la droite Z′V sera la projection de l'arête ZV; donc, si on prend le point de rencontre Z″ de cette droite Z′V avec la diagonale HI, ce point Z″ sera la projection du point à 45° sur la courbe, puisqu'il est sur les projections de deux droites qui doivent contenir ce point.

Par conséquent, si on élève, par le point Z″, une verticale indéfinie Z″Z‴, elle devra contenir le point cherché, qui sera alors le point de rencontre Z‴, de cette verticale avec la perpendiculaire ZV.

Quant au point Z^{IV} de l'autre courbe, on pourrait l'obtenir de même, comme aussi on peut remarquer qu'étant à la même hauteur que le point Z‴, si on mène, par ce point Z‴, une horizontale indéfinie, elle rencontrera la seconde perpendiculaire ZV au point cherché Z^{IV}.

On trouverait, de la même manière, les autres points à 45° des mêmes courbes et des courbes suivantes.

Pour obtenir les tangentes à ces points Z‴ et Z^{IV}, on mènera d'abord les tangentes au cercle par les points Z, Z; ces tangentes se rencontreront en un point U′ de l'axe vertical U′Y. Alors, si on mène la perpendiculaire U′V, elle devra contenir le point de rencontre des tangentes aux deux courbes. Mais ce point de rencontre a sa projection à l'intersection U des deux diagonales HI et CK; par conséquent, en élevant par ce point U une verticale indéfinie, elle coupera la droite U′V au point U″ qui sera le point cherché. On pourrait donc mener les quatre tangentes, en joignant ce point aux points Z''', Z^{IV}, etc.

Cependant, si on veut une vérification, on remarquera que les tangentes U'Z, au cercle de face, rencontrent les verticales FF', AA', etc, en des points tels que le point *u*. Or, si on mène la perpendiculaire *u*V, elle sera une ligne du plan contenant toutes les tangentes au cylindre, aux points à 45°, et alors les tangentes cherchées doivent rencontrer cette droite; mais, comme elles sont contenues dans les plans des diagonales, ce point de rencontre devra se trouver à l'intersection de la droite *u*V avec la verticale HH' ou avec les verticales semblables. Le point *u'*, intersection de ces deux droites, sera donc un point de la tangente au point Z''' qui, dès-lors, devra passer par les trois points U'', Z''' et *u'*. Il en serait de même pour les autres tangentes.

On aura ainsi, pour déterminer la perspective de chaque courbe elliptique, cinq points et cinq tangentes, savoir : les deux points à la naissance, les deux points à 45° et le point le plus haut, avec les tangentes à chacun de ces points. On pourra ainsi tracer ces courbes, à la main, avec assez de précision.

CHAPITRE XVI.

—

PERSPECTIVE DES ESCALIERS.

92. *Perspective d'un escalier droit, dont les arêtes de marches sont parallèles au tableau.* (Pl. XXIV, fig. 1 et 2 et Pl. XXV). — Le plan de l'escalier (fig. 1) est compris dans l'espace rectangulaire GHPQ, et se compose de vingt-deux marches, parmi lesquelles il y a deux paliers, chacun de la largeur de trois marches, ce qui fait en tout, entre G et Q, vingt-six divisions égales à la largeur d'une marche.

Les deux lignes PH et QG représentent les bases des deux murs qui renferment l'escalier et forment terrasse. Cette terrasse se prolonge suivant le contour GFDC, et se termine, à ce point, par un bâtiment à pan coupé, dont les directions sont données par les droites CB et BA. Ce même bâtiment a une façade, sur la terrasse, qui est représentée par la droite CS, terminée à l'alignement de la dernière marche de l'escalier. Il doit y avoir un bâtiment semblable à gauche de l'escalier, mais il se trouve en dehors de l'angle optique.

L'élévation de l'escalier (fig. 2) donne la hauteur des vingt-deux marches, comprises entre les points H et H′ ; le point H″ indique la hauteur de la terrasse ; la hauteur du bâtiment est donnée par les droites CC′ ou BB′, et la hauteur du toit par la droite AU′ ; on trouvera également, dans cette figure, les hauteurs des arcades et des différentes fenêtres.

On fera, d'abord, par la méthode générale, la perspective des points A, B, C, D, F, G, Q et I, en observant que les droites GQ et DF sont perpendiculaires au tableau : que les droites GF, DC et BA sont parallèles au tableau : et, enfin, que la droite BC est à 45° avec le tableau.

On trouvera, ainsi (pl. XXV), la ligne brisée ABCDFGQ, et le point I.

Pour obtenir les points correspondants sur le côté gauche de l'escalier, on mènera, par le point I, la perpendiculaire IV, qu'on coupera par l'horizontale FK ; on portera, sur cette horizontale, une grandeur KH égale à FG et, par le point H, on mènera la perpendiculaire HV, sur laquelle on déterminera le point P au moyen de l'horizontale QP. Enfin, du point I, on tracera l'horizontale IM jusqu'au bord du cadre.

Pour faire la perspective des marches de l'escalier, on cherchera le profil, en forme de crémaillère, qui représente les intersections des différentes marches avec le mur HH″ P″ P. On observera, pour cela, que ce profil est déterminé par les intersections de deux systèmes de lignes, les unes horizontales et distantes entre elles d'une hauteur de marche et les autres verticales, et ayant pour intervalle des grandeurs perspectivement égales aux profondeurs des marches ou des paliers.

On obtiendra les horizontales perpendiculaires au tableau en portant, sur l'échelle de hauteur Et, une grandeur égale à la hauteur HH′ (pl. XXIV, fig. 2), et en menant une parallèle à la droite VT. En transportant alors, entre ces deux droites, la verticale indéfinie HH″ (pl. XXV), on déterminera sur cette droite la hauteur de toutes les marches, qu'on reportera de H en H′. On pourrait également employer toute autre verticale du plan H″HP, et il conviendrait de choisir les plus éloignées du point de vue, comme étant plus grandes en perspective.

Alors, quelle que soit la verticale, HH′ par exemple, on la divisera en autant de parties égales qu'il y a de hauteurs de marches, en vingt-deux parties dans cet exemple, et, par tous les points de divisions, on mènera des droites au point de vue, qui représenteront le premier système des lignes formant le profil.

Quant au second système de droites, qui sont verticales, il faudra, pour les obtenir, partager la droite HP en vingt-six parties perspectivement égales, puisque, en comptant les profondeurs des paliers, qui sont triples de celles des marches, il y a en tout vingt-six profondeurs égales.

Cette division de la droite HP s'obtiendra en portant, sur l'horizontale indéfinie HF, vingt-six divisions égales et d'une grandeur arbitraire, ce qui donnera les points 1′, 2′, 3′, 4′, 5′.......26′; alors, on joindra le point 26′ au point P, et cette droite, en rencontrant la ligne d'horizon, donnera un point de concours auquel on mènera d'autres droites par tous les points de divisions intermédiaires. Ces droites couperont la ligne HP aux points cherchés, et, par ces points, on pourra élever les verticales 1, 2, 3, 4, 5, 8, 9, etc.

Si, alors, on prend les points d'intersection des deux systèmes de droites, horizontales et verticales, on pourra tracer le profil de l'escalier.

Une construction semblable pourra s'effectuer sur le mur parallèle qui termine les marches à droite.

Il suffira maintenant de mener, par tous les angles du profil, des droites parallèles à la ligne d'horizon, qui détermineront les arêtes saillantes et rentrantes de chaque marche.

Les méthodes précédemment exposées serviront à obtenir la perspective des murs d'appui de la terrasse, ainsi que celle des fenêtres qui y sont pratiquées.

Les montants des fenêtres du mur CS, perpendiculaire au tableau, s'obtiendront en menant, par le point C', une parallèle indéfinie C'X à la ligne d'horizon et en portant sur cette ligne, à partir du point C', des divisions qui soient proportionnelles aux grandeurs C-10, 10-11, 11-12, 12-13, 13-14, 14-S (pl. XXIV, fig. 1), et on peut, pour cela, porter ces grandeurs elles-mêmes, ce qui donnera (pl. XXV) les points 10, 11, 12, 13, 14, S''.

Alors, en joignant les points S' et S''; on aura une droite qui donnera un point de concours sur la ligne d'horizon, auquel on mènera les droites passant par les points 10, 11, 12, etc. Ces droites couperont la perpendiculaire C' S' aux points où doivent passer les verticales qui déterminent les fenêtres.

On pourra opérer de même pour la droite B′ C′.

Ensuite, au moyen de l'échelle de hauteur, on trouvera les points c, c', c'' et b, b', b'', par lesquels doivent passer les horizontales formant les côtés inférieurs et supérieurs des fenêtres.

Quand ces points c, c', c'' et b, b', b'' seront obtenus, on aura les horizontales, dans la face BA, en les menant parallèles à la ligne d'horizon : celles de la face BC s'obtiendront en joignant deux à deux les points b et c, b' et c', etc, ; et, enfin, celles de la face CS seront dirigées au point de vue, en les faisant passer par les points c, c', c''.

Cela fait, on obtiendra le point U′, qui forme l'intersection des arêtes du toit, en cherchant le point U, dans le plan horizontal, d'après sa position dans le plan donné; alors on élèvera, par ce point U, une verticale indéfinie, sur laquelle on trouvera le point U′ au moyen de l'échelle de hauteur.

Quant aux perspectives des arcades on les obtiendra comme nous l'avons indiqué dans le chapitre concernant ces exemples.

93. *Perspective d'un perron dont les arêtes de marches sont obliques par rapport au tableau* (Pl. XXIV, fig. 3 et 4 et Pl. XXVI, fig. 1, 2, 3 et 4). — Le perron est donné, en plan et en élévation, dans les fig. 3 et 4 (Pl. XXIV). Les marches, renfermées dans l'espace rectangulaire ABCD, sont formées de trois parties. Les marches de face sont dirigées parallèlement au plan du mur AD, et les marches latérales sont perpendiculaires au même mur. Les angles saillants, formant les joints

des marches, sont contenus dans deux plans donnés par les droites BF et CG.

Il y a, de plus, un palier à la hauteur de la quatrième marche, et il a une largeur égale à celle de trois marches.

Les hauteurs de marches, ainsi que celles relatives au reste de la construction sont données dans l'élévation du perron (fig. 4).

Le rayon principal est VR, la demi-base du tableau est V t; un des côtés de l'angle optique est tX, et l'autre côté n'a dans le plan qu'une partie représentée par Y; enfin l'échelle de distance est tM.

D'un autre côté, le tableau sur lequel on doit construire cette perspective est donné (Pl. XXVI, fig. 4) par le rectangle TT'RR'. La ligne d'horizon est YY'.

On prendra pour tableau auxiliaire l'espace qui est libre au-dessous du tableau, et la ligne d'horizon sera, alors, la droite RR'; le point de vue est en V, les deux points t et t' sont les extrémités de la petite base du tableau; les points de réduction sont, dans ce cas, en R et R' à l'extrémité de la ligne d'horizon. On tracera les échelles de distance VT et VT', l'échelle de hauteur TE et l'échelle de largeur EL.

On profitera aussi de l'espace qui peut être libre à droite ou à gauche du tableau, pour y transporter l'échelle de hauteur E''X'.

On pourra, pour faire la perspective des plans, chercher, par la méthode générale, la droite AD (Pl. XXIV, fig. 3), qui représente la face du mur. On cherchera aussi les deux droites BF et CG, sur lesquelles sont les points de rencontre des arêtes des marches.

Ensuite, on divisera les deux droites BF et CG, en neuf parties perspectivement égales, et il ne restera plus qu'à joindre les points A et B, C et D, par deux droites qui devront avoir un point de concours sur la ligne d'horizon; alors on mènera, par les points de divisions 1, 2, 3, etc., des droites BF et CG, des parallèles aux droites AB et CD, en les dirigeant au même point de concours et en observant, de plus, qu'elles doivent être perpendiculaires à la droite AD. Enfin, on joindra les points correspondants des deux diagonales pour avoir les arêtes parallèles au mur de face.

On aura soin, en traçant ces arêtes des divers systèmes de marches, de réserver toujours un espace de trois marches pour le palier.

On fera aussi, par la méthode générale, la perspective des bases des pieds-droits formant les portes.

En se conformant aux indications ci-dessus, on obtiendra la perspective du plan comme on le voit (Pl. XXVI, fig. 1).

Pour obtenir la perspective des hauteurs, on observera que les marches, dans l'espace, seront déterminées dès qu'on connaîtra leurs extrémités, soit dans le plan du mur de face, soit dans les deux plans passant par les diagonales *bf* et *cg*. Ces extrémités des marches forment ainsi quatre profils, dont deux sont contenus dans le plan du mur, et chacun des deux autres dans un des plans des diagonales. Ces profils sont tous formés de deux systèmes de droites, les unes, horizontales, distantes entre elles d'une hauteur de marche, et les autres, verticales, élevées par chacun des points formant les intersections des arêtes de marches, dans la perspective du plan.

On commencera par porter sur l'échelle de hauteur E″X′, et à partir du point X, sept hauteurs de marches prises dans l'élévation donnée (Pl. XXIV, fig. 4); ensuite on mènera, par le point Y′, les droites Y′S′, Y′Q′, Y′P′, etc., qui comprendront entre elles des distances perspectivement égales à une hauteur de marche.

Les lignes horizontales, dans le plan du mur, s'obtiendront en transportant dans le plan des hauteurs, dont la base ou la trace est R′U′, deux verticales quelconques du mur de face. On choisira, par exemple, la verticale passant par le point D (fig. 2) sur le prolongement de *ad* (fig. 1), ainsi que la verticale passant par le point A (fig. 1) et qui est le bord latéral du cadre.

La première verticale, se trouvant déjà dans le plan des hauteurs, sera divisée suivant les hauteurs de marches, aux points *h″*, *k″*, *m″*, *n″*, *o″*, *p″*, *q″*, *s″*.

La deuxième verticale se transportera dans le plan des hauteurs, parallèlement à la base du tableau, et sera, alors, A′A″. Les points de division seront portés sur le bord à gauche du cadre, parallèlement à la ligne d'horizon, et donneront les points H, K, M, N, etc. Alors, en joignant chacun de ces points avec les points correspondants de la verticale DD′, dans le plan des hauteurs, on aura les horizontales sur le plan du mur de face.

Cela fait, on élèvera des verticales par les points de division tels que *d*, 10″, 11″, 12″, etc., en ayant soin de laisser toujours l'intervalle du palier, et on les terminera aux horizontales déjà tracées. On aura ainsi les deux profils tracés sur le mur de face.

Quant au profil qui est dans le plan de la diagonale cg, pour l'obtenir, on observera d'abord que la verticale gGG′, qui est en même temps dans le mur de face, est déjà divisée, par les horizontales qui sont dans ce plan, suivant les hauteurs de marche aux points 1″, 2″, 3″, etc.

Choisissons encore, dans ce plan, une verticale quelconque, par exemple celle qui passe par le point h, et qui est le bord latéral du cadre.

Cette verticale, transportée parallèlement à la base du tableau dans le plan des hauteurs, deviendra h'H et sera divisée, par les lignes de hauteurs, aux points H′, K′, M′, N′, etc., qu'on reportera sur le bord du cadre aux points H‴, K‴, M‴, N‴, etc.

Alors, on joindra les points de la droite GG′ avec ces derniers points obtenus, et on aura les droites GH‴, 1″-K‴, 2″-M‴, etc., qui seront les horizontales contenues dans ce plan de profil.

Il faudra, à présent, élever des verticales par les points c, 1, 2, 3, 4, 7, 8, g de la diagonale du plan, et les points de rencontre de ces verticales avec les horizontales de ce plan formeront le profil cc'-1-1′-2-2′-3-3′, etc.

Enfin, on obtiendra le dernier profil, contenu dans le plan de la diagonale bf, par des moyens analogues. Ainsi les horizontales de ce profil s'obtiendront au moyen des points H^{IV}, K^{IV}, M^{IV}, etc., pris sur la verticale du point b', et au moyen des points F, 1‴, 2‴, 3‴, etc.

sur la verticale FF'. On coupera ces horizontales par les verticales élevées des différents points de la droite *bf*, et qui représentent les angles saillants des marches, ce qui déterminera le dernier profil.

En joignant les points à la même hauteur, sur ces quatre profils, on obtiendra toutes les arêtes saillantes et rentrantes des différentes marches.

On aurait pu, aussi, obtenir les deux profils des diagonales, en transportant chaque verticale du profil dans le plan des hauteurs, et en la limitant à la hauteur qui correspond à son rang. Ainsi, pour le plan *cg*, on aurait eu dans le plan des hauteurs, un profil *cc'*-1-1'-2-2'-3-3', etc., et, en reportant chaque verticale dans sa véritable position, on aurait obtenu ce profil en entier. Il en aurait été de même du profil suivant l'autre diagonale; mais cette construction est un peu plus longue et, peut-être aussi, moins exacte. Cependant on pourra s'en servir comme moyen de vérification.

La perspective des portes et des assises du mur s'obtiendra par les méthodes générales, et ne présentera aucune particularité.

CHAPITRE XVII.

APPLICATION DES MÉTHODES PRÉCÉDENTES, ET RÉFLEXION DANS L'EAU.

94. *Perspective d'un pont, oblique par rapport au tableau, et d'un bâtiment représentant un moulin, avec roue à palettes* (pl. XXVII, fig. 1, 2 et 3 et pl. XXVIII, fig. 1, 2, 3, 4.) — Les divers objets, à mettre en perspective, sont donnés (pl. XXVII, fig. 1, 2 et 3) en plan et en élévation. Le plan du bâtiment est donné (fig. 1) par le rectangle ABCD, et le rectangle semblable qui l'enveloppe représente la saillie du toit sur les murs du bâtiment. Le petit rectangle *a b c d* représente la projection de la cheminée.

La roue est donnée en plan par le rectangle FGHI.

Enfin, les piles du pont sont représentées par les rectangles tels que KMNO.

L'élévation du bâtiment, de la roue et du pont est donnée dans deux sens différents par les fig. 2 et 3.

Le tableau est donné par le rectangle TTT′T′ (pl. XXVIII, fig. 4). On prend, pour faire la perspective du plan, un tableau formé (fig. 1) par l'espace libre au-dessous du tableau, avec T′T′ pour ligne d'horizon.

Enfin, les constructions des hauteurs se font (fig. 2 et 3) dans la partie à droite du tableau.

Les échelles de distance, de largeur et de hauteur se tracent comme à l'ordinaire.

On devra, dans la perspective du plan, tenir compte de toutes les conditions de position des lignes formant le plan donné.

Les lignes qui sont parallèles ou perpendiculaires entre elles, devront être contruites d'après les propriétés exposées précédemment.

La perspective des hauteurs s'obtiendra encore par les méthodes indiquées dans les articles spéciaux, et notamment dans ceux qui sont relatifs à la perspective des arcs obliques.

Seulement, nous ferons observer que, dans cet exemple, il faudra répéter les constructions pour les deux arcs parallèles qui forment la roue à palettes et, aussi, pour les deux faces de murs parallèles qui déterminent la largeur du pont.

95. *Réflexion dans l'eau.* — On démontre, en physique, qu'un objet de forme quelconque, placé devant un miroir plan et vu par réflexion, a chacun de ses points qui paraît placé derrière le miroir, sur une perpendiculaire abaissée du point sur sa surface, et à une distance, au-delà du miroir, égale à la partie de la perpendiculaire comprise entre le point et la surface.

Or, les eaux tranquilles ayant la propriété de réfléchir les rayons de lumière comme un miroir, on pourra déterminer, par le principe précédent, la figure apparente des objets vus par réflexion dans l'eau.

Ainsi, par exemple, pour la réflexion du pont, si on mène la ligne PQ suivant laquelle le plan du mur coupe la surface de l'eau, tout point, tel que le point M, de la courbe supérieure, devra être placé au-dessous de la droite PQ, sur la verticale Mm et à une distance $M'm$ égale à Mm.

Il en sera de même pour la roue; ainsi, après avoir cherché, dans le plan GH qui contient le cercle de face de la roue, la perspective de la droite $G'H'$ qui est au niveau de l'eau, au moyen de l'échelle de hauteur, ce sera au-dessous de cette droite qu'on devra porter les points de la courbe, sur chaque verticale et à une distance égale à la portion comprise au-dessus de la ligne $G'H'$. Par exemple, le point N, du cercle de la roue donnera, pour sa réflexion dans l'eau, le point N' qu'on obtiendra au moyen de la verticale NN' en portant, au-dessous de $G'H'$, une grandeur $N'n$ égale à Nn.

On opérera de même pour tous les autres objets, en ayant soin de trouver toujours la droite représentant l'intersection de la surface de l'eau avec le plan vertical qui contient ces objets.

FIN.

TABLE

DES MATIÈRES ET DES PLANCHES.

FIN.

LYON. IMP. NIGON, RUE CHALAMONT, 5.

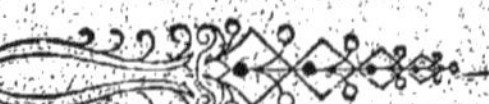
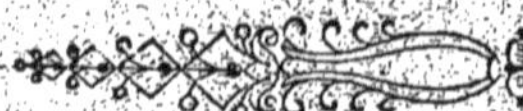

ON TROUVE CHEZ LE MÊME LIBRAIRE :

ADHÉMAR (J.). Traité de perspective à l'usage des artistes, deuxième édition, revue et corrigée. Paris, 1846, 1 vol. in-8, atlas. Prix. . . . . 25 fr.

ADHÉMARD. (J.) Traité des ombres, théorie des teintes et des points brillants, perspective cavalière, 1 vol. in-8 et atlas in-folio de 30 planches. Prix . . . . 15 fr.

DE LAFRÈMOIRE (H.-Ch.) Traité élémentaire de géométrie descriptive, renfermant les solutions développées des problèmes proposés aux examens, seconde édition, 1 vol. in-8 et atlas. Paris, 1850. Prix. . . . . 5 fr.

CALLET. Tables de Logarithmes, contenant les Logarithmes des nombres, depuis 1 jusqu'à 108,000, les Logarithmes des sinus et tangentes, etc., 1 vol. in-8. Paris, 1849. Prix. 15 fr.

EMY (A.-R.) Traité de l'art de la charpenterie. Paris, 1841, 2 vol. in-4 et atlas. Prix. . . . . 92 fr.

GIRARDIN (J.) Leçons de chimie élémentaire appliquées aux arts industriels, troisième édition, corrigée, augmentée avec 200 figures et échantillons d'indiennes intercalés dans le texte, 2 vol. in-8. Paris, 1846. Prix . . . . 14 fr.

GIRAUD ET LESBROS. Tables de sinus, pour la levée des plans de mines et pour faciliter quelques opérations de trigonométrie, etc. Paris, 1839, 1 vol. in-8. Prix . . 6 fr.

MORIN (Arthur). Aide mémoire de mécanique pratique à l'usage des sous-officiers d'artillerie et des ingénieurs civils et militaires, quatrième édition, augmentée des résultats d'expériences sur les turbines. Paris, 1847, 1 vol. in-8. Prix. 9 fr.

THÉNOT. Traité de perspective pratique pour dessiner d'après nature mis à la portée de toutes les intelligences. Paris, 1843, 1 vol. in-8. Prix. . . . . 10 fr.

LEROY (A.-F.-C.) Traité de stéréotomie comprenant les application de la géométrie descriptive à la théorie des ombres, la perspective linéaire, etc. Paris, 1844, 1 vol. grand in-8 avec un atlas de 74 planches in-folio. Prix . . . . 54 fr.

FAU (J.). Anatomie artistique élémentaire. Paris, 1850, 1 vol. in-8 et atlas, reliure anglaise, figures coloriées. Prix. 12 fr.

Le même ouvrage, figures noires. Prix . . . . 6 fr.

Lyon, Imp. et Lith. [illegible]

www.ingramcontent.com/pod-product-compliance
Ingram Content Group UK Ltd.
Pitfield, Milton Keynes, MK11 3LW, UK
UKHW022110190726
13855UKWH00002B/769

9 782013 058179